神明寶島

柿子文化◎企劃
林金郎◎撰文

Mystery 52

神明寶島

虔誠祈願前，你應該知道神明背後的故事與拜拜小常識

企　　劃　柿子文化
撰　　文　林金郎
封面設計　林淑慧
特約美編　顏麟驊
主　　編　劉信宏
總 編 輯　林許文二

出　　版　柿子文化事業有限公司
地　　址　11677臺北市羅斯福路五段158號2樓
業務專線　(02)89314903#15
讀者專線　(02)89314903#9
傳　　真　(02)29319207
郵撥帳號　19822651柿子文化事業有限公司
投稿信箱　editor@persimmonbooks.com.tw
服務信箱　service@persimmonbooks.com.tw

業務行政　鄭淑娟、陳顯中

首版一刷　2023年12月
定　　價　新臺幣399元
I S B N　978-626-7408-05-6

歡迎走進柿子文化網 https:// persimmonbooks.com.tw
粉絲團：60秒看新世界
～柿子在秋天火紅 文化在書中成熟～

國家圖書館出版品預行編目(CIP)資料

神明寶島：虔誠祈願前，你應該知道神明背後的故事與拜拜小常識／柿子文化企劃、林金郎撰文. -- 初版. -- 臺北市：柿子文化事業有限公司, 2023.12
　面；　公分. --（Mystery；52）
ISBN 978-626-7408-05-6（平裝）
1. CST：民間信仰　2. CST：神祇　3. CST：臺灣
272.097　　112019296

編輯序

二〇一八年，柿子文化出版了內容多元豐富、圖文並茂的《神靈臺灣》，此書的完成，從企劃、文稿、資料蒐集、圖片拍攝，到編輯、排版的製作，整整歷時五年，上市後銷售成績亮眼，還入選二〇二一年德國法蘭克福國際書展臺灣官方展書，不僅成果令人滿意，更感謝各方的肯定。

而為了成就一本能讓讀者輕鬆閱讀、圖文並茂又能深入淺出的《神靈臺灣》，在編輯考量下，我們不得不將接近十三萬字、內容豐富札實有深度的文稿，忍痛做了精簡刪修，例如其中更為詳實的諸多神明的歷史源流、各地宮廟的演變，以及更多元的祭祀文化傳承，也精減了部分王爺、千歲、地方閩客族群神明等篇章。

然而，近年來有不少讀者來信，期待能看到更為豐富的人文史料、更多神靈的介紹，所以，柿子文化決定將原書稿重新規劃與編整為《神明寶島》，分享給廣大的閱讀大眾，尤其是對寶島眾多神明有興趣想深入探源的讀者、內行人、從事教育、文化工作者，乃至宮廟神職人士，相信，這本《神明寶島》絕對可以帶給您更多元、有趣、不一樣的閱讀體驗！

序文
神明信仰，讓我們看見彼此，也看見自己

很感謝柿子文化強大的企劃力，拙作《找神！拜對正廟有緣神》和《神靈臺灣．第一本親近神明的小百科》兩書都有不錯的口碑，尤其《神靈臺灣》還入選二〇二一年德國法蘭克福國際書展臺灣官方展書。因此，當柿子決定再出版這本內容更為豐富的完整文字版《神明寶島》時，我立刻欣然接受了，本書近十三萬字，包含許多整理歸納與宗教比較，能讓讀者更為充分的掌握神明的知識，柿子願意大手筆出版，心靈的虔誠和向望令人感激。

一直以來我都在當背包客，用雙腳踩踏臺灣，而召喚我的原因，是對人的熱愛。其實你會發現，再美的風景古蹟，如果沒有「人」，那也只是一副美麗但沒有靈魂的皮囊，很快就會對她失去親近和追求的渴望。而同時兼具景觀與人兩種風情因素的，又以神明信仰的廟宇為最，其中又兼具廣面的民族、歷史、文化，和狹面的血緣、地域、族群等要素，因而更令人著迷，我們會想要去探究她的身世。因為她的身世也關乎著我們的身世。譬如，當你知道眼前這座廟宇，在日據時期曾經成為抗日根據地、漢學中心，那麼她的意義便不只是一棟建築、一條老街、一群遊客這樣的觀光組合而已，而是我們與祖先、族人、土地的連結，這個連結也會一直延續至我們的子孫，直到永遠。

我也確信，這樣的歷史和血脈傳承，在臺灣一直以神明信仰的方式在熱烈進行著，這從每年有更多年輕人投入長時間的神明遶境（二〇二三年大甲媽遶境已突破三百萬人次）、將信仰因素加入各類現代藝術、宗教文創商品生活化……等看出端倪。而更令人欣喜的是，臺灣人對神明信仰的態度往往是「虔誠但不迷信，傳承又能創新」，也就是說，人民追求的並非原始的神佑意義，更多的是，透過宗教活動，大家可以瞬間親密的結合，所以在王船祭時，眾多來自各地互不相識的人們，可以彼此吆喝，默契合力的將王船拖到海邊，然後在赤焰中目送它火化，冉冉升天，航向更美麗的未來，彷彿彼此的命運是共同一體的。

同樣的，神明信仰的重點並非神力崇拜，而是要讓我們看見完美的人格典範，並以此自惕，以此互愛，透過這樣的追求，我們都會更加看清自己，也會成為更好的人。本書「以史為真」，從正史、地方志、廟志、誌異、傳說的順序，來做為神明「身世」來源的根據，也是希望我們能擺脫對神明的媽寶心態，來提升更多心性的真與善，以及勇敢。是以為序。

林金郎，二〇二三，端午節

目錄

第二篇

各有專工的護佑能神 129

第三篇

最具特色的地方神明 195

第一篇

地位尊崇的上界神靈

玉皇上帝

——萬能的老天爺

眾人眼中的「上帝」

人類生存於天地之間，對險惡無知的未來充滿恐懼，因而對風和日麗的朗朗晴天滿是期待，也對會帶來毀滅性災難的風雨雷電感到懼怕，因而產生對「天」的敬畏，這是各民族的普同現象。接著，再經由信仰將「天」神格化，認為祂是世界的源起、宇宙的本體、全知全能的造物者、最高的主宰……這也是普世相同的認知。

在漢族，天被人格化，一般庶民親切的叫法是「天公伯」，尊敬的稱呼是「老天爺」，而神格化的俗稱便是「玉皇上帝」。

歷史上最完整的正式「官銜」，是宋真宗時敕封的「昊天金闕無上至尊自然妙有彌羅至真玉皇上帝」，以及隨後宋徽宗敕封的「太上開天執符御歷含真體道昊天玉皇上帝」，道教據此而簡稱為「昊天玉皇上帝」或「玉皇上帝」。

請注意，此處用的是「上帝」，而非「大帝」，在道教裡，雖然有很多大帝、帝君，但「上帝」只有一位，因為祂是唯一天的象徵（玄天上帝的「上帝」是指高於一般大帝、帝君的稱謂，並非象徵天的概念）。

佛教便認為，玉皇上帝和一神教（猶太教、天主教、基督教、回教）的上帝、印度的大梵天王（一說是帝釋）是等同的。祂們都有著四個一樣的特質：在概念上等同宇宙、在構造上是萬物的源起、在功能上是全知全能、在地位上是世界最高的主宰。

但是，這又與希臘神話的宙斯（Zeus）不同，因為宙斯雖然是因戰鬥取得眾神主宰的地位，卻沒有前三個特質。

❖各宗教信仰裡「天」的神格化

被認為等同於「天」的神格化概念有：中國朝廷祭祀的天帝、上帝、昊天上帝；道教的太極、玉皇上帝；一神教的上帝；佛教的大梵天王。

其中，印度佛教中的大梵天王是無慾、無相的，宇宙萬物為祂所生；帝釋則是有慾、有相，是萬物中的第一個神。

玉皇上帝在一般民間信仰裡較類似帝釋，但在道統裡，祂是太極的神格化，太極是陰陽既分、但天地未開的狀態，所以應該是類似大梵天王。

大梵天王在泰國即為四面佛，四面佛造型被道教吸納為斗母的造型。

從老天爺到玉皇上帝

玉皇上帝並不是一開始就出現在人類文明裡，祂是經過一番演進，才躍上歷史舞臺，甚至直到清朝滅亡，歷朝所祭的天都不是玉皇上帝。

商朝甲骨文和周朝金文中就曾出現「上帝」字眼，也稱為「天」、「帝」，在這個注重卜筮、並且認為天能夠因為人之善惡而賜福降禍的時代，敬天是絕對必然的。「天」和「帝」是一體的兩面，先民將「天」給絕對神聖化，認為天具有無限上綱的能力，所以「天帝」是萬能的主宰。

稍後，《尚書》出現「昊天上帝」的尊號，《周禮》也記載有祭祀昊天上帝的禮儀，雖然「昊天上帝」可能只是「天帝」的意思，但從史書的禮儀記載可知，周朝時皇帝已經自稱天子，**祭天並非只是對蒼天或大自然的祭祀而已，而是有神格化的崇拜和科儀，天子祭天依然跪拜稱臣，王公並列**。但此時的昊天上帝並沒有具體的樣貌和形象，祂僅以一塊牌位被祭祀，來表示蒼穹無形。

彼時周朝的昊天上帝還不是後來道教的玉皇上帝，因為道教是直到東漢末年才出現雛形。南北朝陶弘景編寫的《真靈位業圖》，整理了各教派與民間流傳的神明，並加以分類，其中便出現了「玉皇道君」、「高上玉帝」等多位等同上帝的神明，而陶弘景的另一本道書《真誥》，則有〈拜謁天帝玉皇之法〉，「玉皇」為道教上帝的尊號便是從此開始。

唐朝時，玉皇上帝的崇拜就十分普及了，並多次出現在諸多名人的作品中，譬如韓愈〈華山女〉：「華山女兒家奉道，欲驅異教歸仙靈……玉皇頷首許歸去，乘龍駕鶴來青冥。」說明當時道教和民間已經普遍尊奉玉皇上帝。將昊天上帝和玉皇上帝結合在一起的，是唐末杜光庭所刪定的《道門科範大全集》，在書中出現了「昊天玉皇上帝」的尊號。而宋真宗敕封「昊天金闕無上至尊自然妙有彌羅至真玉皇上帝」和宋徽宗敕封「太上開天執符御歷含真體道昊天玉皇上帝」，則開啟了道教和民間信仰，是將昊天上帝和玉皇上帝結合為「昊天玉皇上帝」的正式依據，不過**在政治上，一直到清末，各朝代宮廷依據古禮制度祭天，祭祀的還是昊天上帝而非玉皇上帝**。

因為上帝代表的是天、宇宙、大自然的意涵，在道教上代表的則是太極（正一），具備四大特質，所以漢朝認為昊天上帝是北極星神格化，佛教版的《高上玉皇本行集經》（成書時間不明，約隋唐或宋代時期）記載玉皇上帝是光嚴妙樂國王子修練成最高主宰的說法，都太過於狹隘，不足以解釋上帝獨立存在和構成萬物源起的性質；至於誌怪小說中張友人（又稱張百忍）是玉皇上帝的傳奇故事，更只能引為閒談罷了。

❖ **真靈位業圖**

南北朝南梁陶弘景所編，是收集各教派、民間的神明加以分類與排序而成，有約七百位神明，共分成七個等級，是漢族第一份有系統的神明彙編與整理資料。有些神明在此圖中已見聖號（如元始天尊），有些只見到類似的聖號（如玉皇上帝）。

玉皇上帝的人格化形象

唐朝之前，因為對玉皇上帝的崇拜尚未普及，朝廷祭祀的也是昊天上帝，因而玉皇上帝尚未有具體的形象。

但到了唐朝，玉皇上帝的概念已經盛行，而且也被人格化，形象已經很鮮明。大抵而言，自然崇拜在神格化後，為了「親民」便於推廣，以及為了鞏固皇權的威勢，也都再一次的人格化、具象化，與當時的政治、社會形態結合，所以天庭彷若就是人間朝廷的翻版，建立朝廷就是人間天庭的權勢觀念，唐朝《郊祀議》就說明了上帝形象、天庭排場與人間帝王、宮廷是一致的。

雖然唐朝時對玉皇上帝的形象描述已經躍然紙上，但開始雕塑具體神像，一般認為是在宋朝時期。據《周禮》記載，祭天是在冬至一陽反復時，天子親率王臣至國都南郊進行祭祀，沒有神像，只設「昊天上帝」神位，這個禮儀一直延續到清末。但宋真宗、宋徽宗兩位皇帝因為崇拜玉皇上帝，分別建了朝元殿、玉清昭應宮來供奉玉皇上帝神像，所以從此才有了玉皇上帝的雕像。

玉皇上帝現在的具體形象為：身著九章法服、頭戴十二行珠冠冕旒、手持玉笏。

所謂「九章法服」就是繡上龍等九種圖案的法定服裝，皇帝著龍袍開始於隋朝；「十二行珠冠冕旒」就是長條形的冠沿，前後各有十二串吊珠，這也是秦漢時代皇帝的冠冕；至於手持玉笏是因為《大戴禮記．朝事》載：「天子冕而執鎮圭尺有二寸。」天子確實有手持玉板，名鎮圭，只是一般玉皇造型做「稟告狀」，易讓人誤解是要向誰稟告？

玉帝的臣工配祀

朝廷祀祭昊天上帝的配祀是五帝，玉皇上帝的配祀則沒有一定，玉皇上帝為天庭帝王，底下自然臣工濟濟，道教裡與祂同列的有四御、五極大帝，但因為民間信仰祭拜的關係，需要百姓熟識的神祇，所以一般廟宇會有東華帝君與瑤池金母、日月星君、南北斗星君等配祀。

配祀和陪祀

配祀指的是和主神一起被祭祀的次要主神，多設在主神兩旁的神龕或旁殿，如文昌帝君配祀孔夫子和倉頡仙師。

陪祀則指主神的護法或侍者，立於主神兩旁，不另設神龕或神殿，如媽祖陪祀千里眼、順風耳。

五帝、五極大帝和四御

昊天上帝的配祀是五方五帝，有五行自然崇拜的先天五帝，及後世加上三皇五帝聖王崇拜的後天五帝，而玉皇上帝配祀的則是五極大帝，分析簡表如下。

五帝和五極大帝

配祀		東	南	西	北	中
五帝	先天五帝	青帝	赤帝	白帝	黑帝	黃帝
	後天五帝	青帝太昊	赤帝炎帝	白帝少昊	玄帝顓頊	黃帝軒轅
五極大帝		青華帝君	南極大帝	太極天皇大帝	紫微大帝	昊天玉皇上帝

四御：北極紫微大帝、南極長生大帝、中天勾陳上宮天皇大帝、承天效法后土皇地祇。

以道教理論來說，玉皇上帝等同太極，東華帝君為先天陽氣，瑤池金母為先天陰氣，兩位為配祀是最恰當的。

另外，民間最常見的玉帝配祀還有三官大帝，因為在眾多自然神明裡，以三官大帝最為人知且祭祀最多，百姓俗稱「三界公」，上元元宵、中元普度、下元解厄都是出自三官大帝（見「三官大帝」章），所以三官大帝自然成為民間認為的玉帝最佳配祀人選。

另有一說是，玉帝是全知全能的，所以不需要宰相，因此只有一位特使——太白星君（太白金星），《西遊記》裡，玉帝被孫悟空搞得不知如何是好時，便是派出太白星君去招安孫悟空，給了祂弼馬溫的小官看守馬廄。

專制無情的玉帝

玉帝是至高無上之神，民間傳奇卻有很多把玉帝描繪得很不英明。當然，這都只是傳奇故事和民間戲曲，博君一粲，也是反諷人間帝王的專制無情，玉帝當然還是很愛世人的。

傳奇中，瑤池金母（王母娘娘）是玉帝的皇后，祂們有二十四個女兒（包含七仙女），十個太陽是祂們的兒子。玉帝自己有家庭，卻規定神仙不能談戀愛，專門拆散天上仙侶，製造人間怨偶，受害人還多是祂的至親。

《寶蓮燈》中玉皇上帝的三妹瑤姬（玉帝有九位妹妹），和人類私通生下二郎神楊戩和西岳華山三聖母，結果瑤姬被玉帝壓在桃花山下，後來楊戩劈開桃花山救出母親，玉帝卻派出十個太陽將瑤姬曬死，楊戩算是玉帝的外甥，也差點被玉帝用天河之水淹死，同時造成人間水患，為了避免天下蒼生遭難，雙方暫時和解，但後續又爭鬥不斷。

《天仙配》中，七娘媽和董永邂逅的故事流傳至今，後來玉帝還是要七娘媽拋夫棄子回天庭去，讓中國眾多生存在絕對威權、生命中只有老公和子女的婦女，為其哭斷肝腸。後來《牛郎織女》故事興起，造成很多人誤以為七娘媽是織女；而《七世夫妻》中，金童在宴會時不慎打翻酒杯，玉女在旁見狀竊笑，玉帝誤以為兩人有情愫，所以處罰下凡七世，只能苦戀卻不能結合。

前面說過，「天上玉皇，人間帝王」，這些傳奇多是創作者不敢直接批判當時的威權，所以用玉帝的獨斷、專制，乃至無情、傷害，來暗諷當時禁錮人性的政治社會體制，以及百姓在此體制下的受迫與無奈，乃至失去摯愛也只能絕望的承受，因此深受民間的歡迎與流傳，數千年而不絕。

但事實上，對於「天」和玉帝，一般平民百姓仍是絕對推崇的，如「天有好生之德」、「天無絕人之路」等，都是稱頌於天的，只是因為玉帝主要統領的是神界，不干涉凡塵之事，因此下凡救難這類的傳說並不多。

謝天——玉皇上帝的祭拜

從商周起，「祭天」一直都是朝廷專屬祭祀，因為上帝等同於天，也是形下界的最高主宰，所以皇帝自稱是「天子」，以便從神權來行使君權，而這與西方的「君權神授」之說竟然不謀而合。

既然君權來自神權，所以在天壇的露天祭天臺上，依繁複的科儀祭天（祭祀昊天上帝），與上帝直接溝通，便是天子與朝廷的事，老百姓則只是依宗教禮儀祭拜玉皇上帝神像，如果沒有神像便向天朝拜，直接向天祈請，兩者意涵並不相同。同樣的，「祭孔」也是朝廷的事，老百姓則僅是祭拜孔子神像。

因為華夏民族是屬於泛神論信仰，所以神明眾多，如果覺得要拜的神太多，拜最大的玉皇上帝就好，那可能就有點誤解了，因為玉皇上帝是眾神的主管，因此管轄的多是神界、廟務或國家大事，至於民間的旱災水患、抓妖除魔、家庭失和、個人困頓等「凡（煩）事」，自有處理的神明，不須勞動到上帝！

因此，祭拜玉皇上帝時，帶著一顆「敬天」的心即可，要效法的精神也是天理與自然的法則，這便是所謂的「心即神，神即心」。

在民間習俗上，有三個祭拜玉皇上帝的專屬時間。**農曆十二月二十四日民間「送神」至天庭，向玉帝報告人間善惡後，隔日十二月二十五日玉帝便將親蒞人間勘查，並以人之善惡來訂定來年的福禍**，所以禮俗上這一天不能口出穢言、打罵小孩，也不能曝曬衣服，以免褻瀆聖靈，有的宮廟也會趁此日舉辦向老天爺祈求補運、補財庫的儀式。

農曆正月初一是「一元復始」之時，當然要祭拜最大的天公，民間和廟宇多在除夕晚上十一點，即正月初一子時即開始祭拜天公，稱為「賀正」。

農曆正月初九為「天公生」，自然要祭拜天公，此說來源有二。

一說，道術以單數為陽，雙數為陰，一為陽之生，九為陽之尊，因此，以正月初九為天公生。

另一說為《占書》所載，女媧娘娘造物時，初一為雞日，初二為狗日，初三為豬日，初四為羊日，初五為牛日，初六為馬日，初七為人日，初八為穀日，初九為天日，初十為地日，所以演變成初九天生日→天公生日→玉皇生日。

除了這三個專屬祭拜天公的節日外，民間習俗在嫁娶時，也都會謝天祭祖。

除了天公廟、凌霄寶殿專祀玉皇上帝外，一般廟門口那個大香爐，也就是俗稱的天公爐，不論廟宇的主神是哪尊，都會在天公爐前先拜天公及三界諸神後，再入內拜神的！那如果是天公廟或凌霄寶殿，還需要拜外面那個天公爐嗎？這時就先拜殿內的天公，再拜外面的三界諸神。

因為玉皇上帝職位太高，不管凡間俗務，早期一般家庭少有主祀玉皇上帝的，但還是會在每天早晨拜祖先前先朝天公爐朝拜，以示敬天，閩南人家裡有拜神明的，天公爐是懸在神明廳的樑上；客家

❖玉皇上帝有形象嗎？為何民間家裡沒拜玉帝神像，只拜天公爐？

歷代朝廷自商周至清朝祭天都是祭祀昊天上帝，沒有神像，只有神牌，所以沒有形象。但道教與民間信仰的昊天玉皇上帝或玉皇上帝，自唐朝起就有鮮明形象，禮書並載明上帝與人間帝王之服冕、禮儀等是相同的，坊間也有很多天公廟和凌霄寶殿會祭拜玉帝神像。民間家裡沒拜玉帝神像，只拜天公爐，是因為天公等級太高，家庭不適合祭祀，所以只拜天公爐。

人家裡祭祖不拜神，所以天公爐是掛在天井或外面樑柱的高處，或設一根插香竹竿。不過，因為客家人崇拜三官大帝，所以有一說客家人拜的「天神爺」並非天公，而是三界公或三界公中的天官大帝。

玉皇上帝的祭拜

在道統上，「天級」的自然神，如玉帝、三官等，因為化育萬物有好生之德，所以不祭葷食，以鮮花、素果、齋菜拜之，如逢年節，則再加上年糕、發糕、蘿蔔糕、米粩、花生仁糖等應節食品，如逢聖誕，則加壽麵、壽桃、紅龜粿、紅蛋等賀壽食品。

祭拜天神一般以清茶代酒，但這時也可用桂圓茶或四果茶取代，以示尊敬，並取其富貴圓滿、四季吉祥之寓意。供品備妥之後，在家裡面向天空，或到天公廟、廟宇的凌霄寶殿祭拜即可。

一般家庭如果希望祭拜隆重一點，則可以準備高矮兩桌。高的那桌拜天公，擺在前面，是素食桌，桌面正前方擺設彩色紙製天公神座（金紙店有售），中置香爐、三杯茶，兩旁擺置鮮花、蠟燭、天公金，後面的供品有紮上紅紙的麵線三束（象徵萬壽無疆），以及五果（象徵五福臨門）和六齋、六味（象徵六六大順）。

五果是適合拜神的五種水果，其中有綁上紅紙的甘蔗，象徵長長久久、甜甜蜜蜜；六齋是：金針、木耳、香菇、青豆、冬粉、黑豆、紅棗、紅豆、豆皮、花生、海帶、豆干、芋頭、麵筋、黃豆等任選六種；也有選用木耳（代表木）、紅棗或香菇（代表火）、花生（代表土）、金針（代表金）、冬粉（代表水）五種，象徵金木水火土五行俱足；六味是六種不同的粩（長壽）、糕（高升）、餅（足食）、糖（甜蜜）。另外，也可準備六碗甜湯，表示甜蜜。

矮桌在後，是慰勞天兵天將的葷桌，祭以三牲或五牲及其他供品，隆重的可再放置山珍（薑、香姑、金針、木耳）、海味（鹽、海帶、糖、醋），用四項表示山珍海味俱全，用八項象徵八仙過海發大財。廟裡則會再以各種乾料做成十二碗、二十四碗或三十六碗不等，象徵祭祀十二天干、二十四節氣、三十六天罡。

臺灣祭祀玉皇上帝的廟宇

臺南市開基玉皇宮是明朝荷治時期即開建的廟宇，為全臺最早祀奉玉皇上帝的聖殿，已有三百四十多年歷史。在臺灣，主祀玉皇上帝最有名的廟宇俗稱為「三間半」，分別是**沙鹿玉皇殿**、**臺南天壇**、**新竹天公壇**，**以及被拓寬馬路削掉一半的彰化元清觀**。**臺灣最大的玉皇聖像在臺中龍井玉府天宮**，而且是金面的塑像。

這裡要特別提的是臺灣首廟——天壇，也就是現在的**臺南天壇天公廟**，天壇為凡人與天神接觸的地方，因此祭祀活動於露天舉行，廟址原是鄭氏王朝祭天的場所，清咸豐時才就地建廟，首廟天壇在《臺灣通史》也被記錄其中。

因為臺南天壇原為明鄭祭天之處，所以後來改建為「天壇天公廟」（俗稱臺南天公廟）祭祀玉皇上帝，但仍延續祭天立神牌不立神像的傳統，而臺灣大部分廟宇的玉皇上帝神像則都遵循唐禮，立玉皇為帝王之相。廟中的「一字匾」為府城三大名匾之一，象徵「千算萬算不如老天一算」，當然也有太極（正一），即「天」的意涵。

❖ 府城三大名匾

又稱臺灣三大名匾，分別是：臺南首廟天壇「一字匾」、臺灣府城隍廟「爾來了」、臺南竹溪寺「了然世界」。

臺灣俗語有言：「給天公借膽。」果真，**宜蘭草嶺慶雲宮（俗稱大里天公廟）**就有跟天公借膽的禮俗，該廟已有兩百多年的歷史，相傳當年噶瑪蘭（今宜蘭）先民要出入險峻的淡蘭古道時，都會到天公廟祭拜祈求平安，順便帶顆加持過的石頭當護身物壯膽。

古代軍隊出師前都有祭天活動，並祈求文武天神天將能夠隨行保佑，而**大里天公廟**現在的借膽也分文膽、武膽，藉此將上帝身邊的智囊與武將借給信徒，保佑信徒文職、武事兩相得意，文武雙全。

敬天如神在

上帝代表的「萬能」，是能生化萬物的自然法則和依此而生的宇宙，而非違反自然法則去破壞宇宙運作，所以如果希望透過祭祀，請求上帝或神明用祂的萬能超能力，去做違反自然法則和天道倫理的事，不但會徒勞無功，還會墮入鬼道的幻術和騙局！

此外，雖然人類已經逐漸解開宇宙相貌和生成之謎，但人類恐怕永遠無法揭開宇宙為何生成之謎。所以，人類面對天、宇宙、大自然時，應該要有一份謙卑之心，而不是桀驁不馴，否則大自然隨時會展開反撲，所以敬天如神在，隨時以虔誠、感恩的心「謝天」，是一種態度，而不是迷信！

觀音菩薩

——眾生的慈母

最紅火的外來神——印度的觀音

漢民族是泛神論國家，所以對外來神明接受度頗高，但外來神明進入中土後都會被「漢化」，產生本土特色的信仰，其中在民間被當成神明膜拜，流傳最廣、信奉最虔誠的，便是佛教中的觀世音菩薩，簡稱觀音菩薩。

❖何謂「菩薩」？

菩薩是梵文「菩提薩埵」音譯的簡稱，「菩提」意思是「覺悟」，「薩埵」是「有情眾生」，所以菩薩是覺悟的有情眾生，也就是上求智慧、下度眾生的修行者。只要發心行菩薩道的人，都可以稱為菩薩，但只有具備廣大神通能力，趨近於圓滿的菩薩，才可以稱為「大菩薩」，也就是佛經常提到的「菩薩摩訶薩」。

一開始，印度大菩薩只有釋迦摩尼與彌勒，後來公認的大菩薩有八位，而漢族則有觀音、文殊、菩賢、地藏四大菩薩。

佛教中最簡單的易行道修行法門就是「念佛」，在中土則是專頌「阿彌陀佛」聖號，稱為「淨土宗」，因為簡單易行，所以流傳快速且廣泛，唐代韓愈就形容中土當時「家家阿彌陀，戶戶觀世音」的盛況，甚至過了幾千年，現在很多人遇到危難或喪事時，反射性脫口而出的不是「天啊」，而是

「阿彌陀佛」，只要見到佛像（其實佛有很多種）、甚至神像，就習慣口念祝禱：「阿彌陀佛。」影響之深，可見一斑。

一般百姓或許不知道「淨土宗」，但絕對知道西方極樂世界、阿彌陀佛，連帶的，身為阿彌陀佛右脅上首（龍邊陪祀）的觀音，也成為中國家戶喻曉的菩薩，觀音會在阿彌陀佛涅槃後繼位成為西方淨土的教主，而且也因為祂「聞聲救苦，如火焚身」的無量慈悲心與應聲救援，為紅塵眾生所依盼與寄託，成為佛教中流傳最多、最廣的信仰。

❖何謂「西方三聖」？

西方淨土（極樂世界）以**阿彌陀佛為教主，上首右脅是觀世音菩薩，左脅是大勢至菩薩**，合稱「西方三聖」。觀世音菩薩與大勢至菩薩造型極為類似，最大的辨識特徵在於，觀世音菩薩冠冕上有阿彌陀佛的神像，大勢至菩薩則是寶瓶。印度佛教中，佛、菩薩的造型都有一定的共同象徵意涵，所以都極為類似，主要分辨的方法，在於祂們的法器、飾物、手印的不同。

根據《大悲心陀羅尼經》記載，觀音菩薩其實早已成佛，佛號正法明如來，但因為一世只能一佛，觀音為了普度眾生，所以委身為大菩薩，稱為「倒駕慈航」，這也說明菩薩道強調入世度化眾生、而非出世自了的精神。緣此觀音的地位、能力與情操，也因而更受人尊崇。

至於觀音聖號的由來，據《一切經音義．卷五》所言，因為印度地方口音的關係，出現兩個略有差異的唸法，意思也因而不同，一是「觀察世間音聲」之意，南北朝譯經大師鳩摩羅什取其意，翻譯為「觀世音菩薩」；另一個是「觀察自在」之意，唐朝玄奘大師取其意，翻譯為「觀自在菩薩」。其他經書出現的同義譯名至少有七種，漢族民間幾乎都以「觀（世）音菩薩」稱呼，也表示認同祂觀察世間音聲而聞聲救苦的精神。

觀音的千百億化身

觀音菩薩最早的原型，可追溯至印度婆羅門教的自然神「雙馬童」，祂們是一對年輕俊美的孿生神明，聞聲救苦、行動敏捷，幾乎有求必應，是當時最受崇拜的大神之一，也是印度種姓制度下，悲慘的賤民階級最信仰、最渴盼的神明。

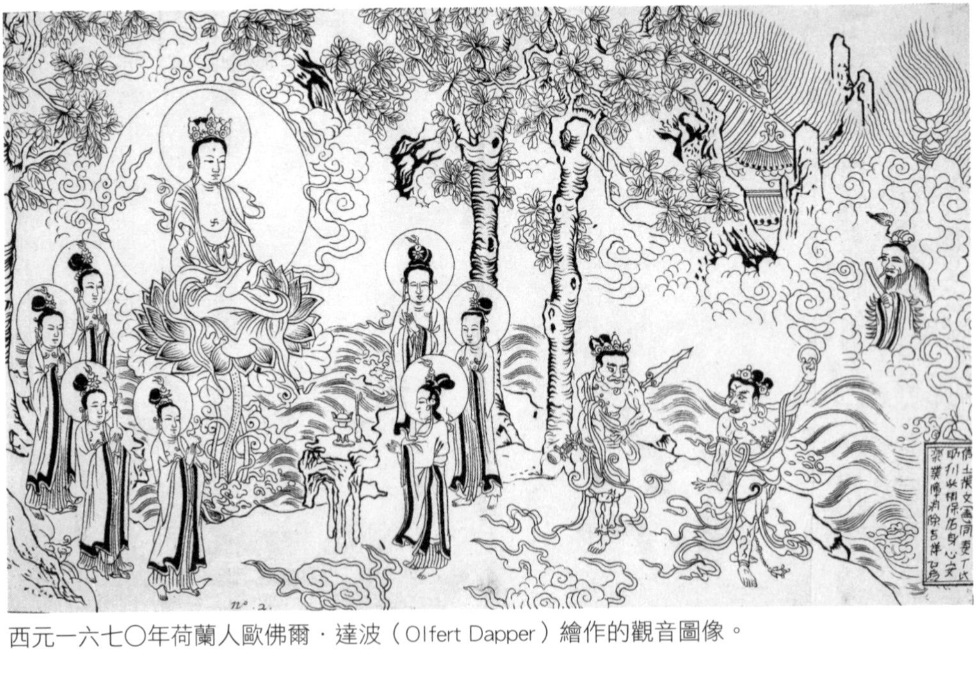

西元一六七〇年荷蘭人歐佛爾．達波（Olfert Dapper）繪作的觀音圖像。

到了大乘佛教時代，以利樂眾生為首要之務的菩薩道興起，大慈大悲與救苦救難的雙馬童遂轉換為觀音菩薩，東密還有「馬頭觀音」，**馬頭觀音並非馬頭人身，而是頭頂上有馬頭雕塑的造型**。

隨著觀音信仰的普遍化，以及隨緣化現教導眾生所需，應以何身得度，即現何種身形為之說法，觀音造型因而千變萬化，誠如《楞嚴經．觀世音菩薩耳根圓通章》所說：「故我能現眾多妙容，能說無邊祕密神咒……救護眾生，得大自在。」該經即列舉觀音有三十二種不同的化身。《法華經．普門品》也記載，觀音菩薩以三十三種不同身分形象的化身，為不同階級的眾生講授佛法，稱為「三十三

❖漢傳佛教三十三觀音

1. 楊柳觀音	2. 龍頭觀音	3. 持經觀音	4. 圓光觀音	5. 遊戲觀音
6. 白衣觀音	7. 蓮臥觀音	8. 瀧見觀音	9. 施藥觀音	10. 魚籃觀音
11. 德王觀音	12. 水月觀音	13. 一葉觀音	14. 青頸觀音	15. 威德觀音
16. 延命觀音	17. 眾寶觀音	18. 岩戶觀音	19. 能靜觀音	20. 阿耨觀音
21. 葉衣觀音	22. 琉璃觀音	23. 多羅尊觀音	24. 蛤蜊觀音	25. 六時觀音
26. 合掌觀音	27. 一如觀音	28. 不二觀音	29. 持蓮觀音	30. 灑水觀音
31. 馬郎婦觀音	32. 普悲觀音	33. 阿麼提觀音		

法身相」。〈大悲咒〉有的版本在每句咒語後加入一位觀音化身圖案，稱為《大悲咒出像圖》，共八十四張，應是後人加入的。

除了化身外，觀音還有不同意涵和法門的變型，如天臺六觀音、東密六觀音，祂們彼此是顯宗與密宗對應的觀音形象。「度母」也是觀音的變型，漢傳佛教認為，度母是觀世音菩薩慈悲的目光所化現的女性菩薩；藏傳佛教則認為，觀世音菩薩因為慈憫眾生受苦，因為流下慈悲的眼淚。不管是目光還是眼淚，度母象徵的都是觀音慈悲中的慈悲。度母的形象多達五百多種，以綠度母為所有度母化身的主尊，之下以白度母、紅度母、黃度母最為人熟知。

漢傳觀音形象大約是白衣觀音、楊柳觀音、持蓮觀音、灑水觀音的綜合體，最大的辨識特徵是冠冕上有阿彌陀佛的神像。常見的藏傳佛教觀音雕像則有四臂觀音，〈六字大明咒〉（六字真言：唵嘛呢叭咪吽）就是祂的法門；十八臂觀音，就是準提菩薩，〈準提咒〉就是祂的法門；千手千眼觀音，〈大悲咒〉就是祂的法門。

另外，漢族**中元普度時有一尊法會總護法——普度公**，是一位焦面的凶狠將軍，冠冕上有觀音圖

❖佛教的傳播

佛教在印度形成後，續而朝南向中南半島、東南亞一帶傳播，稱為南傳佛教，屬小乘佛教；朝北向中亞、中國、東北亞一帶傳播，稱為北傳佛教，屬大乘佛教。北傳佛教中，向中土傳播的，稱漢傳佛教，為顯教；向西藏傳播的，稱為藏傳佛教，是密教。

像，道教說祂是太乙救苦天尊化身或是鬼王蚩尤，佛教則說祂是觀世音化現的大士爺，也稱面燃大士，所以冠冕上有觀音圖像。

因為印度本身並無中元普度，所以大士爺之說應該是漢族發展出來的，據筆者推測，應該跟妙善公主（漢族傳說的觀音人身）曾至地獄度化眾生有關，後面會詳述。

觀音的性別——安能辨我是雌雄

現在所見的觀音形象都是以女身出現，但在古畫中卻有以男身出現的，於是便引起好奇，觀音究竟是男身或女身？這可就不同的面向來說明。

首先，就法身而言，大菩薩位處「無色界」，只有意識存在，並沒有形體色身，而祂為了救度眾生所化現的眾多形象，也只是化像，並非實像，所以觀音本尊並無男女之分。

而就講經會上化現的身形來說，大菩薩都以男身化現，因為原始佛教認為，成佛須為男身，所以《法華經》中龍女轉身成佛是先變成男子、具菩薩行，然後再成佛。《法華經》、《華嚴經》、《悲華經》等，也是以「大丈夫」、「善男子」等來稱呼觀音，而觀音的梵文，也是男性的名詞。

但就信仰來說，化身的目的是為了讓信徒具體看見、感受、皈依，否則化身便無意義，因此觀音是要男身或女身，就端視信徒的集體意識需求而定，漢族需要的是一個女性的觀音，因為觀音是最慈悲的救度象徵，漢族倫理一向定義「父嚴母慈」、「陽剛陰柔」，所以女性形象是漢族信徒對觀音慈悲本質的集體需求。

另一個歷史角度的說法是，中國因為帝王政治的關係，所以常因政治因素而導致佛教與道教孰為國教的轉變與爭撻，歷史上甚至還發生過「三武之禍」的滅佛政治行動，所以北宋時觀音便與媽祖結合，同時以女神之姿庇佑百姓。

就漢族佛教藝術史來看，佛教初來中土時，在東晉以前的菩薩像，譬如**敦煌莫高窟壁畫的菩薩**，**嘴邊留有兩撇細鬍，下巴留有一撮細鬚**，有的並且眉長垂目，這是莊嚴的象徵，當然也是男身的顯現，呈現的是講經會上菩薩的身像。

而從北魏開鑿至北宋的龍門石窟來考究，北魏時，即出現觀音的女身；唐代時，窟內菩薩像顯現的是當時貴族婦女的華麗形象，被戲稱為是「菩薩賽宮娃」，不過據此可見，這時菩薩已是普遍女身，呈現的是百姓對女性菩薩的信仰需求。至於北宋時，因為妙善公主是觀音化身的說法和著作已經完全成形流傳，所以民間已經普遍將觀音視為女身了。

從大菩薩變三公主

佛教中的觀音是大菩薩，到了漢族後，因三教融合與民間信仰，稱為觀音佛祖、觀音媽，而賦予祂全新的身世和傳奇。

在漢族，觀音菩薩是妙善公主修行而成，其故事在民間甚至歷史上早已流傳，《北史》及《隋書》的〈王劭傳〉都有談到，隋文帝的獨狐皇后就是妙善菩薩。最早見諸文本的妙善公主紀事是北宋〈香山大悲菩薩傳〉，文長約二千六百字，刻於河南汝州香山寺的石碑上，此碑目前仍然保存著，這件事在當時《曲洧舊聞》中也有記載。後來此傳被改寫成《觀世音菩薩本行經》，後更名為《香山寶卷》，「寶卷」是佛教融合三教與民間傳說彙編而成、可邊說邊唱的文本，因此也可歸為戲曲；而

《觀音寶卷》也是同時期由佛教教團發展出來的類似作品——因此，北宋時妙善公主是觀音人身的說法便已形成，而且還是出自佛門之手。

明朝時，《香山寶卷》被改編成章回小說《南海觀音菩薩出身修行傳》（簡稱《南海觀音全傳》、《觀音傳》等），古代民智未開，經常將小說傳奇當史實，甚至加以認定、流傳、崇拜，譬如《三國演義》就是一個最典型的例子，同樣的，觀音在漢族的定形與展開也可說是基於這本小說。

公主傳奇——漢族的妙善傳說

關於妙善公主的各種傳說，因為都是源於〈香山大悲菩薩傳〉，雖歷經改編，但內容大同小異，綜合起來，其大意是，金天大吳氏時代（即遠古時代）天下大亂，充滿殺戮，慈航尊者於是奏請王母娘娘讓祂下凡救世。

慈航尊者降生於西域興林國好箇錦城，國王名為妙莊王，那是個與中土不太交流、但尚稱富足的大邦國。妙莊王生有三個公主，最小的三公主便是妙善公主，她生於二月十九日，目前通行的觀音聖誕日便是以此為憑。

妙善長大後拒絕婚配，堅心於寺院求道，妙莊王還因此憤而做出火燒白雀寺等忿恨行為，歷劫的妙善此時經由地藏菩薩帶領遊歷地獄，為地獄眾生說法，並體驗地獄眾生之苦。

回魂後，妙善更加精進不退，釋迦摩尼佛便指點妙善到南海普陀山修行，九年後終於成道，稱為香山仙人。後來妙莊王生一怪病，需要至親或聖人的一眼與一手做藥引，於是向香山仙人請求布施，香山仙人慨然應允。病癒後，妙莊王見仙人缺一眼一手，甚為愧疚，於是向上天跪求讓仙人重新長出

千手千眼觀音的由來

《大悲心陀羅尼經》：「若我當來，堪能利益安樂一切眾生者，令我即時身生千手、千眼具足。」觀音大願一發，即長出千手千眼。至於妙善公主化成千手千眼觀音，則是中土的小說改編版。

佛門。

眼睛和手，不久，仙人竟長出千手千眼，化成千手千眼觀音菩薩。後來父女倆相認，妙莊王也皈依了

故事的後半部則是敘述觀音和善財童子、龍女收伏青獅、白象的故事。善財童子、龍女在印度佛教裡與觀音並沒有特殊關係，當然更不是陪祀，只是經典稍有提及。

《華嚴經．入法界品》中有「善財童子五十三參」，其中第二十九參就是參見觀自在菩薩。「童子」並非小孩的意思，而是大菩薩的別稱，如童子一樣純淨天真，譬如文殊菩薩便經常化現童子像。

而《法華經．提婆達多品》記載了年僅八歲的龍女獻珠佛陀即身成佛的故事，這當然並不是八歲或獻珠的問題，而是累世修為、機緣成熟所致，也就是說，龍女當時已是大菩薩，只是為童子身。可能當時小說作者未細察「童子」之意，所以找了善財、龍女兩位童子來當觀音的左右脅，還塑造成小孩的模樣，而一般百姓更是不太認得這兩位童子，便稱呼祂們為「金童玉女」，這稱呼並無特殊之意，只是少男、少女的典雅稱呼罷了！

另外，善財因為被塑造成孩童身，經常被人誤以為是三太子哪吒或紅孩兒，也應該特別注意。

觀音和媽祖的臍帶關係

如果要細究觀音在中華地區流布的情形，確實需要與媽祖一起探討，除了《天妃顯聖錄》中記載媽祖是觀音的轉身、徒弟外，漢族中的觀音與媽祖實在有太多相似之處。

觀音信仰大約於魏晉時代隨著佛教傳入中土，因為位列中國四大菩薩之一，擁有極為神聖的地位；到了南北朝時期，因戰亂頻仍，觀音的救難精神與淨土法門，普遍受到百姓的信仰，但北朝因為曾經發生兩次滅佛行動，而南朝政局相對較穩定，所以當時在南部，尤其是東南部地區，是觀音廟盛行之地。

隨後歷經隋唐的盛況與傳播，觀音信仰更是深入各家門戶，形成了「家家阿彌陀，戶戶觀世音」的現象。

到了宋朝，皇帝改尚道教，宋徽宗詔令將佛教稱謂一律改為道教稱謂，而宋徽宗、宋真宗時，正是媽祖信仰在政治場上崛起之時。

因為受到改佛為道的影響，所以北宋〈香山大悲菩薩傳〉除了將觀音道教化外，同時也有了媽祖的影子，甚至釋迦牟尼佛還囑咐妙善至南海求道，而非到印度本土。

觀音被道教化、民俗化，除了政治因素外，其實也是當時三教融合的時代信仰趨勢所致。後來的《香山寶卷》、《觀音寶卷》雖然都是出自佛門，但也是因循三教融合風格，以及觀音和媽祖的臍帶關係去形塑觀音。

所以，媽祖的形象可說是藉由觀音而從巫覡信仰而聖化，而觀音則是藉由媽祖，在道教與民間廣為流傳。

媽祖與觀音比較表

俗名	稱號	身分	盛行地帶	宗教屬性
林默	元朝稱南海女神	海上女神	南越	佛、道、巫融合
妙善公主	民間稱南海古佛	慈航尊者	吳越	佛教，後被道教吸收

❖觀音在哪裡修行？

南海、普陀山、香山寺、紫竹林、潮音洞都傳言過觀音在那裡修行，但到底哪裡才對？答案是：南海普陀山的紫竹林。

南海當時指的是南越的海域，因在中土南方，所以稱為南海，民間亦有因此而稱觀音為「南海古佛」；當時，南海就是現在地理位置的東海，並非現在地理上的南海，有人依目前的地理稱謂，說觀音在東海修行，雖說符合現況，卻不符合當時歷史狀況。

普陀山在浙江省定海縣外海的舟山群島，至於紫竹林、潮音洞，都是普陀山的美景古蹟。不過，觀音修行的地方在紫竹林，巧的是，臺灣新北市有座觀音山，其中一知名景點便是潮音洞，所以引人誤解。另外，普陀山並無香山寺，但因為〈香山大悲菩薩傳〉起源於香山寺，所以香山寺被視為中土觀音祖廟。

觀音在臺灣受到的特別待遇

觀音，一位外來神明，可是最後，祂在道教的地位可以說除了玉帝外，無神能出其右，甚至連天后媽祖也略遜一籌；而流佈的範圍，除了遍行中土濱海、內陸外，如果連信仰密宗的西藏、新疆、蒙古也算入，則遍及了整個大中華地區，和全世界華人地區，完全超越了天后級媽祖的東南亞範疇。

日據時代，日本人禁止臺灣人民祭拜漢神和祖先，但日本人信奉佛教，可以祭拜觀音，所以**臺灣人就將觀音聖像做成大幅彩畫或漆畫，將神像和祖先牌位藏在後面，稱為觀音媽聯，又稱觀音彩、佛祖彩**（民間又稱觀音為觀音佛祖），「彩」亦可稱為「漆」。

終戰後，禁拜令自然消失，有的觀音媽聯於是發展成**「家堂五神」，將五尊家裡常拜的神明繪在一起，作成神龕的背景，神像和祖先牌位也可以拿到前面放置了。最常見的家堂五神為：第一層觀音菩薩（陪祀善財、龍女）；第二層龍邊是關聖帝君（陪祀關平、周倉），虎邊是媽祖天后（陪祀千里眼、順風耳）；第三層龍邊是灶神，虎邊是土地公**。由此可知，在道教和民間信仰上，觀音等級確實高於媽祖，而且媽祖系統也承認媽祖是觀音的轉身。

觀音和呂洞賓的恩怨情仇

觀音傳入中土後，便傳出眾多救苦救難的民間故事，這些故事在唐以後被收集並繪製成圖畫流傳，稱為「三十三觀音」，但這不是觀音的化身或變型，而是觀音菩薩在不同故事中，依不同主題的形貌展現。

然而，即使樣貌差異不大。由於「三十三觀音」民間流傳極廣，所以這裡介紹另外一些觀音有趣的野史，看看中國小說家和戲曲家的豐富想像力，而這恐怕也才是現在流行的同人誌始祖吧。

民間故事相傳呂洞賓是第一大「追女仔」神仙，呂仙祖在成道前〈三戲白牡丹〉，追求不成，後來移戀同是八仙的何仙姑，負責度化八仙的觀世音看不下去前來勸導，也被祂給看上了，兩人因而結怨，發展出一個〈呂洞賓遇觀音菩薩修橋〉又結合〈對面夫妻〉的故事：

峨嵋山下的嘉陵江流水湍急，百姓渡河險象環生，於是觀音化現為一美貌女子立於船上，並公告說，誰能用銀錠擲中她，便以身相許，以此籌措建橋經費。大家見女子貌美，於是競相擲錢，但都無法擲中，銀錠閃過女子的身邊就掉入船中。

這情況被呂仙祖撞見，便決定一報宿怨，此時剛好有一男子經過，就是成道前的佛教護法韋馱，看見女子秀麗極為愛慕，但身上僅有一個銀兩，所以猶豫不決。呂仙祖便告知韋馱會以法術相助，要他放心，果然韋馱便擲中女子。

觀音知是呂仙祖搞鬼，但也無可奈何，只好現出觀音原形告知韋馱緣由，韋馱知道後更加心生愛慕，觀音只好把韋馱帶回峨嵋山修行。

以前的廟宇，韋馱護法是立於大門入口、面向大殿的守護主神，人們便因投銀求親之事戲稱祂們是「對面夫妻」。

觀音和呂洞賓的恩怨情仇還從中土戰到臺灣來，這當然也是稗官野史。一說臺北觀音山便是觀音在蓬萊仙島的修行場所，這時呂仙祖又欲來騷擾，於是觀音手指一揮，劈開了一道河道，便是淡水河。呂仙祖無法過河，只好在河的南邊，也就是木柵駐守，後來這裡就建了名剎**指南宮**，所以民間傳說情人不要相偕去指南宮拜呂仙祖，以免祂觸景傷情，拆散有情人。不過，這個傳說已經被指南宮多次出面澄清，歡迎有情人一起來祈福，並說呂洞賓是劍神，配有桃木劍，專斬爛桃花，若信眾有感情糾紛，還可來廟中祈求呢！

不過，也有一些傳奇紛紛指出，呂洞賓百般詭計，終於騙得觀音和祂有了結晶——孫悟空。福建省南平市順昌縣因為相傳是花果山的原型地，變成齊天大聖的信仰重鎮，號稱是齊天大聖的祖地，其中還有座順昌齊天大聖祖廟。

此地寶山裡面有塊「孕聖仙石」，當地傳說孫悟空就是從這裡蹦出來的，另外有個八仙洞，八仙就住在裡面。

有一年寶山水災，八仙請觀音來救災，因為呂仙祖對觀音早有意思，所以化成一根刺絆倒觀音，還扎了觀音，觀音因而流下一滴血並滴在石頭上，那塊石頭就成了孕聖仙石，後來吸夠天地靈氣與日月精華，就孕產出石猴子，所謂「父精母血」，所以孫悟空是觀音和呂洞賓兩人的結晶。

這當然是觀光地區「故事行銷」手法編出來的神話，甚至後來一些「我們這一家」的類似傳奇也紛紛出籠了。

形象多變的臺灣觀音廟宇

中土觀音廟宇香火最盛行之地，當然就是妙善傳說的起源地——**河南汝州香山寺，被稱為觀音祖廟**；另一個則是妙善修行的普陀山，此山觀音廟林立，善男信女絡繹不絕，也是一觀光勝地。

在臺灣，觀音寺有六、七百座，數目略高於媽祖廟，可見信仰之廣泛！**臺南市赤山龍湖巖，是觀世音菩薩在臺灣最早的開基道場**，也是臺灣最古老的寺廟之一，相傳為明鄭參軍陳永華於西元一六六五年所建，因為野史記載陳永華就是洪門天地會總舵主陳近南（據考證不是），所以龍湖巖也被視為是天地會的發源地，真是饒富歷史意義！

鹿港龍山寺，主祀觀音，素有臺灣紫禁城之稱，是宗教藝術聖殿，雖歷經修治，仍被認為是臺灣現在保存最完整的清朝建築物，正所謂「廟貌重新，金飾玉雕歷千年而不古」，是少有的國家一級古蹟。

臺北萬華龍山寺、臺中清水紫雲巖，都是以佛為體，以道為制的廟宇，主祀觀音佛祖，最殊勝的是，該兩處廟宇裡總是聚滿信徒在誦經，經聲與香煙裊裊不絕，虔誠而悠遠，是佛道共祀觀音的典型。

臺灣桃園市有個地方叫觀音鄉（後改為區），便有主祀觀音的**甘泉寺**，是當地香火鼎盛的信仰中心，該寺有一口終年不絕的甘泉井，所以名為甘泉寺，也是象徵觀音遍灑甘泉之意，寺內主祀的觀音神像是形貌酷似觀音大士的天然石像，所以又稱為石觀音寺。桃園每年還舉辦石觀音文化節，盛況可見一斑。

臺灣的媽祖有烏面媽、紅面媽、金面媽，觀音也有喔，而且意義相仿！

新北市貢寮靈鷲山無生道場、宜蘭市下渡頭慈安寺、臺中市清水紫雲巖、嘉義縣半天岩紫雲寺、臺南市東山碧軒寺，祭祀的是黑面觀音，黑面觀音自然有其捨己為人、救度眾生的神格化莊嚴意義。

而**高雄內門南海紫竹林寺，則是全臺第一間紅面觀音廟宇**，紅面象徵人格化，紅面觀音代表的就是「入世」救苦救難的慈悲精神。

臺南市大觀音亭、板橋接雲寺、金門金水寺則祀奉金面觀音，金面是得道的象徵，所以金面觀音就是觀音佛祖。

高雄楠梓慈雲寺供奉全金身十一面觀音，造型是臺灣少見的男身觀音，是魏晉時期的小鬍鬚風格。

漢族民間有三個祭祀觀音菩薩的日子，分別是農曆二月十九日誕辰紀念日、六月十九日得道紀念日、九月十九日出家紀念日，節日的由來雖然都是出自妙善公主的傳說，不過三個日子都是十九日，均稱為「次九日」，顯然是突顯僅次「初九」至尊天公生的地位。另外，中國以奇數為陽，偶數為陰，妙善為女神，所以為陰，二為陰數之生，故為誕辰月份；六為陰數中正德行，故為得道月份；九為至尊之數，佛家有謂，出家有無量功德，故為出家之月。

觀音菩薩的祭拜

雖然道教廟宇裡也祭祀觀音，但觀音終究是佛教菩薩，所以祭拜應該用鮮花、素果、清茶、菜齋，切莫葷食，從平常的四供養到隆重的十供養皆可。此外，民間也認為觀音誕辰是最慈悲的日子，諸求可以圓滿，所以還會準備米糕、桂圓乾去祭拜，祭祀完後米糕食用，象徵步步高升，桂圓乾則將殼打碎，現出真圓，象徵厄運擊碎，破殼而出，這個習俗與臺北行天宮以前祭拜米糕、桂圓乾是一樣的。

經常祭拜的神明都會有專用的金紙，如天公金、文昌金等，隨著觀音的道教化，所以也出現了觀音金，但原本佛教就不燒紙錢，意到即可。

祭拜素食供品的禮儀

一般的日常禮儀均採「四供養」：香、花、水、燭。香代表傳遞訊息給上天，以及戒律和禪定；花代表因果中的因（相對結果的果）以及成就；水代表甘露，及清靜與平等；燭代表光明、智慧、奉獻。

「四喜」：茶、酒、麵、飯。

「五果」：五種可以祭拜的水果。

「五供養」：香、花、燈、茶、果。

「七供養」：香、花、燭、茶、果、食、樂。

「十供養」：香、花、燈、茶、果、茶、食、寶、珠、衣（茶是指香油、香膏、香花水、香木水等；食是麵食或飯食的穀類製品）。

習俗不宜祭拜的水果

民間習俗認為，水果的籽如果是可以吃下去的，不宜拿來祭拜，因為籽吃下去後會隨糞便排出來，然後在糞便裡發芽，是污穢的象徵；一說，因為神像都是木頭或石頭雕的，神明吃了種子以後，會在肚子裡發芽，所以不宜。

籽可以吃下去的水果有：芭樂、百香果、番茄、火龍果、奇異果等。另外，釋迦因形狀像釋迦牟尼的頭而得名，所以也應該避免。以上適用於各種祭拜，僅供參考。

慈悲才是成就之道

觀音信仰之所以廣為流傳、備受尊崇，最主要的是祂願意倒駕慈航來入世救度，顯現捨己為人的精神，而祂被漢化或道教化只是一個方便的示現，可見宗教本就該以慈悲為懷，慈悲至極而能立即聞聲救苦、捨身成仁，卻仍歡喜欣受，便是達到無妄、無佞、無執的無我至高境界，這才是大乘佛教，以及現代宗教紅塵修行、以身實踐的真諦。

宗教絕非教人出世、避世，甚至厭世，只求一己之清淨，這是淺根修行；更不是哀莫大於心死，萬念俱灰看破紅塵，這是修魔或修成頑空。這兩者不但都無法成就，也不會受到大家的祝福和尊敬，而觀音菩薩已經為慈悲救度才能成就做了最佳示範。

媽祖天后

——入世親民的第一女神

傳說與正史中的媽祖天后

臺灣俚語有一句話：「三月痟媽祖，六月痟關公。」說明臺灣有兩大神明信仰系統，而臺中鎮瀾宮媽祖遶境與天主教宗教彌撒、回教麥加朝聖，並列聯合國教育科學文化組織認定的世界三大宗教盛事，可見媽祖不但是臺灣第一天后，也是世界級的女神。

「媽祖」原是閩南人對女性祖先或家中婆、媽的尊稱，臺灣人說是「祖媽」，所以「媽祖」是一種民俗尊稱，但後為媽祖婆專用。

另據考證，湄州媽祖廟原稱「娘媽祖廟」，後來才簡稱為「媽祖廟」，「娘媽」跟「媽祖」意思相仿，如七娘媽，臺灣人稱為「娘嬭（ㄋㄟ）」。

所以，媽祖或媽祖婆都是民間一種十分親切、擬人又尊敬的俗稱，猶如客家人稱土地公為「伯公仔」一樣。

民間流傳的媽祖故事眾多，其中也不乏佛教版或誌怪版的傳奇，現在普遍採用的是明末清初湄州昭乘（或說照乘）和尚所編錄的《天妃顯聖錄》：

媽祖是宋朝福建省泉州府莆田縣湄州島的姑娘林默（「娘」是尊稱），自幼茹素習道，善用道術為百姓消災解厄，被視為仙人，深受鄉民愛載，二十九歲時因天命已至，便於九九重陽登湄峰最高處羽化成仙。

另《天妃顯聖錄》序文即言明，媽祖是觀音大士轉身。道教任何有關神明的傳說，一定會再加上斬妖除魔的神話，所以故事又收錄媽祖收服千里眼（綠色）、順風耳（紅色）等山妖水怪的傳奇。至於保生大帝（大道公）前來求婚，因而與媽祖大鬥法的軼事，則純粹是民間戲曲。

《天妃顯聖錄》

本書完整收錄並考證媽祖的傳說、紀事，被視為原始媽祖資料的重要依據，大約編輯於明末，清朝時並改版過三次。

相對於傳說的豐富，正史對媽祖的出身卻沒有記載，媽祖身世多是根據最早的南宋〈聖墩祖廟重建順濟廟記〉及後來的廟誌與地方誌而來，大約是：

媽祖為林氏，無名諱，是南越一帶巫覡信仰（女稱巫，男稱覡）的神職人員，有特殊的能力，能為人治病、預測、祈福，因為擁有信徒，死後為其立廟祭祀。

宋徽宗時，大臣允迪出使韓國在東海遇到海難，船隊除了允迪搭乘的船隻因為有一女神搭救外，其餘皆沉溺，因而認為是湄州女神顯靈，於是回朝稟報，徽宗便詔賜「順濟」廟額，從此媽祖在漢族和世界的神壇開始嶄露頭角。

不過，根據中國文化革命後在湄州媽祖祖廟出土，且被官方鑑定為真的「元朝石雕媽祖元始金身」顯示，媽祖元始前身是中亞摩尼教的僧伽大師（尊稱為「泗洲文佛」），他於唐高宗時來華在東南省分傳教。

因為摩尼徒是白衣白冠，所以僧伽大師被視為白衣大士（觀音形象之一）的化身，因此媽祖可能是摩尼教、佛教、巫覡教、道教混合而成的信仰，不過對泛神信仰的漢人來說，宗教是融合而非對立，這反而促成了媽祖信仰傳播的相容性。

海洋促成無可取代的地位

媽祖信仰的崛起與壯大，自有其特殊史地因素，尤其是海洋。中國擁有一萬八千多公里長的海岸線，海洋擁有重要的漁場與資源，可以養牧百姓並提供豐富物資。海上貿易也是海洋的另一個重要功能，中國自漢朝起就展開與異族的航海通商，唐初就設立第一個市舶司（海關），中國的海上貿易被稱為「海上絲綢之路」，與「陸上絲綢之路」同是中國兩大對外貿易路線，以東海、南海航線為主，甚至遠至非洲與歐洲。聯合國科教文組織認定海上絲綢之路起點位於福建省泉州市，也就是媽祖的故鄉，所以海洋促使媽祖信仰興盛的說法幾乎是確立的。

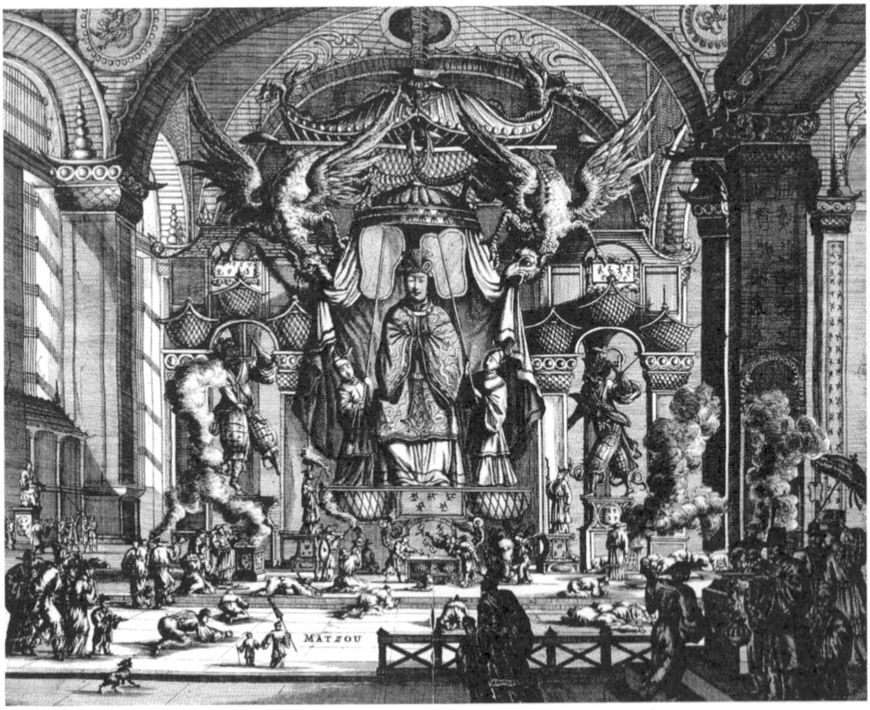

西元一六七〇年荷蘭人歐佛爾．達波所繪作的媽祖廟，風格類似希臘祀奉雅典娜女神的帕德嫩神廟。

海洋的國防功能更是不容忽視，至明朝鄭和七次下西洋，中國已經是個不折不扣的海洋霸權國家，鄭和下西洋，不但是漢族宣揚國威的盛事，也是世界史上的一件大事，比哥倫布早了一百年，歷史評價也更高！

因為祈求航海平安，鄭和每次出航前都會率領二萬七千餘名官兵祭祀媽祖，場面壯觀浩大，還曾兩次奉明成祖之命到湄州主持祭祀大典並擴建廟宇。

到了清朝，施琅請出媽祖同行征服臺澎有功，於是在康熙年間升格為聖母、天后，一代航海女神至此也確立了無可取代的地位，**請記得，不是「媽祖娘娘」，而是「媽祖天后」或「天上聖母」喔**（漢族另一位聖母為臨水夫人陳靖姑）。

因為海洋與航海如此重要，有著富國強兵的功能，所以被視為航海保護神的媽祖自然備受尊崇，歷來被十四個皇帝敕封過三十六次，從宋徽宗賜「順濟」廟額起，未久宋高宗封「崇福夫人」是第一次出現「夫人」；宋光宗敕封「靈惠妃」，首次晉升「妃」；元世祖敕封「護國明著靈惠協正善慶顯濟天妃」，首次晉升「天妃」；清康熙敕封「護國庇民妙靈昭應弘仁普濟天上聖母」，首次晉升「聖母」，接著封「護國庇民妙靈昭應仁慈天后」，首次晉升天后，且是漢族史上唯一敕封天后者。

女性神祇敕封等級

女性神明尊稱為「元君」，朝廷正式敕封尊號等級為：夫人、妃、天（聖）妃、真君、聖母、太后、皇太后、天后。至於母、娘、婆、媽，則是民間親暱的稱呼。

清朝時，漢人開始海外移民，媽祖信仰便隨著移民傳播到臺灣、東南亞一帶，成為海洋地區漢人必然尊敬的神明，而媽祖文化也因而遍地開花，終於成為世界級的宗教盛事！

天后的百變造型

媽祖是臺灣最受歡迎的神明，所以造型、稱謂也最繁多。臺灣傳統的媽祖聖像多是雕成福泰的太后形貌，這是順應媽祖是天上聖母、天后的意涵去形塑的太后形象，而中國大陸則流行將媽祖形塑成綽約、粉面的年輕妃子像，以呼應祂二十八歲升天的說法。

先前臺灣因為與中國三通的關係，開始流行中國年輕妃子媽祖像，例如：俗稱雞籠媽祖廟的基隆慶安宮外庭矗立的媽祖神像、桃園新屋天后宮全臺最高三十點五公尺的青銅媽祖神像、北港朝天宮文化大樓頂樓的媽祖景觀公園、馬祖媽祖宗教紀念園區高二十八點八公尺的媽祖戶外塑像、金門料羅灣媽祖公園……都是援用中國湄州島媽祖文化公園的年輕妃子立姿像，粉面、著盛唐宮廷長衫、手捧如意。但不管是臺灣天后像還是中國妃子像，冠冕前一定都加有天帝級才能配飾的珠串，以彰顯祂的天后地位。

臺灣媽祖神像的臉部顏色較常見的有三種，分別為膚色（紅面媽）、金色（金面媽）、黑色（烏面媽）。

膚色是人格化的表現，意在親民，是臺灣神明最常見的。金色是得道象徵，有至尊無上之意，只有天帝級神明或佛祖才有，媽祖是唯一天后，自然可用金面。

至於黑面，臺灣神像除了原始造型就是臉部黑色（如包公、中路財神爺），或黑銅、黑木、黑石雕塑原色呈現（如清水祖師爺）外，極少刻意臉部漆成黑色，所以「烏面媽」已經是媽祖崇拜中廣為流傳的特殊信仰，甚至有學者認為，烏面媽在臺灣媽祖裡所佔的比例最高。

烏面媽的來源說法有二：

一是鹿港天后宮因為香火鼎盛，媽祖神像長期受到香火的薰陶，從粉色變成烏黑色，因此稱為「烏面媽」。

二是特意漆成黑色，以彰顯救苦救難的莊嚴神聖。

此外，還有一說較少為人接受，漢族習俗閨女未嫁而亡或死於非命是為陰神，因媽祖升天時為閨女，故為陰神，因此以面部黑色呈現，此說自當有爭議，妙善公主（漢族觀音化身）也是閨女，一票仙姑也都是閨女，都未因此理由而以烏面出現；死於非命的更大有人在：保生大帝墜谷而死、李白和屈原都是溺斃、岳飛被毒死……也未見以黑面呈現。

於明朝建廟的福建省漳浦縣烏石天后宮，相傳是臺閩烏面媽崇拜的起源，其媽祖黑面，是因為媽祖神像是由黑沉香木雕成，所以面部呈黑色，以彰顯肅穆莊嚴。

媽祖的分身

由於媽祖信仰太廣，所以分類與稱謂眾多，經常讓人搞不清楚，而這也是媽祖文化在臺灣的特色，簡介如後。

大家一定常聽說媽祖還有大媽、二媽、三媽……這是依照廟裡神像雕塑時間前後依序編號的，一般來說，最早的「開基媽」是「鎮殿媽」，置於大殿讓人祭拜，這便是大媽；而鎮殿主神座前經常會有陪祀的神像，這便是二媽；至於遶境或辦事時，鎮殿媽和二媽如果外出，廟中豈不無主神？所以另外再做一尊「出巡媽」，這就是三媽——因此至少就有三媽，所以臺灣俗諺便說：「**大媽鎮殿**、**二媽吃便**、**三媽出戰**。」另外，有的廟宇還會有媽祖會會長、每年輪流做莊的正副爐主、信徒請神像回去供奉……等，所以就會多到六、七甚至八、九媽了。

編號眾多的媽祖中，有各自信徒組成的「後援會」，其中因為三媽最常負責出巡，所以「三媽會」是最常聽聞的；另外，「六媽會」因為組成較晚較年輕，而且相傳媽祖在家排老六，所以是六媽，因此在媽祖會裡也頗為活躍。

目前全世界有近五千座媽祖廟，臺灣有約六百座，很多人認為，媽祖廟都分靈自湄州島，但事實不然，而是看當初先民攜入或新近返鄉迎回的神像或香火來自何處。

經不斷溯源，依祖廟所在地可分為：

湄州島分香者稱湄州媽、泉州三邑分香者稱溫陵媽、同安縣分香者稱銀同媽、安溪縣分香稱清溪媽、漳浦縣分香稱烏石媽、長汀地區分香稱汀洲媽、興化地區分香者稱興化媽……名列基隆三大廟及基隆八景之一的慶安宮媽祖廟，便號稱是全臺唯一同時供奉湄州媽、泉州媽、漳州媽的媽祖廟。

臺灣民間也會以媽祖廟所在地稱呼媽祖，如北港媽、新港媽、大甲媽……媽祖信仰盛行於海洋國家，一開始發揚於濱海港口，面向海洋保護舟船，稱為「港口媽」；久之，進入內地後便稱為「內山媽」，有的面向山下疏濬山洪，有的

一九三五年由日本人宮地硬介編著的《臺灣名所案內：郵便名勝スタソプ付》中，北港朝天宮媽祖像郵戳印。

面向山內防範原住民來襲，譬如有「山中媽祖廟」之稱的臺中新社福天宮，便是當地九個莊的內山媽信仰中心。

少見的妖怪護法——千里眼和順風耳

眾所皆知，媽祖的兩位護法俗稱千里眼和順風耳，祂們的來歷有多種說法，現在通行的故事是以《天妃顯聖錄》記載為主體，再加上各種傳說彙編而成。祂們本名分別是嘉應和嘉佑，為湄州西北方桃花山的綠色金精、紅色水精，後被媽祖收服成為部將，是少數陪祀神明中為妖怪的。

《天妃顯聖錄》序文明言，媽祖是觀音大士轉身，所以亦有觀音菩薩能「觀」世界一切「音聲」神力，所以千里眼和順風耳的功能便是由此演進而來的。

由於二人是精怪，所以造型凶惡，目似銅鈴，口露獠牙，衣衫袒露，頭戴類似孫悟空的金箍，是當時媽祖收服祂們時套在身上的金環。千里眼頭上有兩隻角，手持板斧（月眉型斧頭）；順風耳頭上只有一隻角，手持方天畫戟（方天戟）。

比較特別的是，臺中旱溪樂成宮兩位將軍都手持金元寶，小腹凸出，象徵「肚大，錢財王」，面部表情表也平易近人，是相當獨特的造型。

嘉義新港奉天宮的虎爺在媽祖出巡時不但為前導，而且陣況不輸媽祖，臺灣南部就有俗諺：「北港媽祖，新港老虎。」表示奉天宮的虎爺比媽祖還出名，但虎爺並不是媽祖的陪祀或座騎，只是新港奉天宮虎爺太出名而導致的誤解。

誰才是臺灣島的媽祖首廟？

湄州媽祖廟——朝天閣，建於北宋宋太宗（九八七年），是世界最早的媽祖廟，也是全世界各媽祖廟的祖廟。臺灣澎湖縣於一六〇四年（明朝）興建完成的**澎湖天后宮，則是臺灣第一間媽祖廟**，縣府所在地馬公就是臺語「媽祖宮（媽宮）」的簡稱改變而來，這是學界目前唯一公認臺灣最早的媽祖廟。

至於臺灣本島誰是開臺首廟，到目前仍沒個定論，向來全臺香火最旺的**北港朝天宮**與**鹿港興化天后宮**孰為正宗開臺就爭議頗久。

據考證，一六九四年，清朝中國樹璧和尚攜帶一尊湄州媽祖廟裡的軟身神像（關節可活動的神像）來到雲林縣笨港建立天妃宮，並於一七〇〇年完工，即今北港朝天宮。而一六八三年，清廷派施琅攻臺，施琅請出湄州媽祖廟二媽同行，並攻克臺灣，這尊神像目前保存於一七二五年興建完成的鹿港天后宮，即聞名遐邇的烏面媽。

從以上事蹟來看，北港媽祖廟確實比較早建，但身分是分靈不是開基媽，鹿港媽祖廟雖晚建一步，卻是祀奉正身的開基媽。

但另一個史料顯示，成立最早的臺灣島媽祖廟是**臺南市開基天后宮**，建於明永曆十七年（一六六二年），媽祖神像還是當年隨鄭成功艦隊來臺的「船仔媽」金身，來頭真的不小，但非出自湄州祖廟。所以誰是「開臺首廟」，除了時間先後，還有是否為金身與是否出自祖廟等問題，不過，或許神明根本不在意排名，執著爭議的是人吧？

但北港朝天宮與鹿港興化天后宮在臺灣媽祖信仰裡都有極高的領導地位，據統計，臺灣分靈出去最多的媽祖廟，第一名是北港朝天宮，第二名是鹿港天后宮等，鹿港天后宮雖屈居第二名，但湄州六尊開基媽祖因移民攜出，中國只剩兩尊，且都毀於文化大革命，其餘散佚海外的四尊，除鹿港媽外，其餘皆不知所終，所以鹿港媽是目前全球唯一僅存的開基媽！

臺南市大天后宮，是臺灣最早的官建祀典媽祖廟。施琅克臺後，明朝的最後血脈寧靖王朱術桂及他的五位妃子自縊，明朝終於正式結束，而寧靖王府也改建為天妃宮，即今臺南市大天后宮，廟中所典藏的匾額數量據說是全臺最多，其中甚至有光緒御筆「與天同功」匾額，可見媽祖地位已與天齊。明朝正朔結束於臺南市大天后宮，巧的是劉永福將此作為「總統府」，所以臺灣民主國的正朔也結束於此。

最佳MVP——媽祖在臺灣的神蹟

神明受敕封除了史地、文化等政治原因外，另一個重要因素便是：顯靈與神蹟。媽祖的神蹟不勝枚舉，《天妃顯聖錄》有詳細記載，今僅列舉與臺灣相關的重要神蹟如下。

康熙皇帝派施琅攻臺前，先敕封媽祖為天妃，以求海戰順利，果然，攻克澎湖、臺灣之戰，都蒙媽祖與千里眼、順風耳顯靈相助，所以戰後又敕封媽祖晉升天后。之後，康熙御史孟劭前往臺灣視察遭遇颱風，幸蒙媽祖解救；另外，臺灣的反清革命林爽文之亂、海盜蔡牽之亂也獲媽祖協助而平定；而媽祖解救的船難更是不計其數，媽祖因為這些神蹟而奠定無上的信仰地位。不過，這也是一種政戰操作，原本明鄭信奉的是戰神玄武上帝，但清朝皇帝藉由在臺灣有廣大信仰的媽祖顯靈，來彰顯媽祖支持清朝政權，也藉著提升媽祖地位來壓制明朝國神及復明精神，同時也安撫臺灣住民的人心。

媽祖在民間神蹟方面的傳說也很精彩。馬祖，就是因為該島信奉媽祖而被稱為媽祖島，軍政時期政府才更名為馬祖。傳說媽祖為拯救遭受海難的父親而罹難，聖體漂流至閩江口，被馬祖島居民撈起，馬祖南竿天后宮宣稱，該廟的靈穴便是安葬媽祖聖體石棺的地方，如果見到該廟發出紅光，便知媽祖又要去救難了，馬祖島的媽祖宗教文化園區戶外媽祖雕像，曾是全世界最高媽祖像。

二次大戰期間，美軍為破壞日軍在臺灣的基地與建設，曾空襲轟炸，但多有未爆彈，便產生因為媽祖顯靈伸手或用裙襬接住砲彈，使廟宇或周邊民、房安然度過危機的說法，其他如大甲鎮瀾宮、朴子配天宮，乃至各地類似的傳說眾多。至於死而復活、救人無數等神蹟傳說，更不在話下。

媽祖的一些韻事

除了神蹟之外，神明多少都還會有一些傳聞軼事，漢族的文人在科舉制度下都飽讀詩書，可惜礙於政治的箝制，無法暢所欲言，所以很多落拓文人就會把想像力、批判力花在傳奇創作上，也常藉對神明的調侃，表達對所謂命運主宰、威權體制和道德限制的反諷。但當時民智未開，百姓常把小說或戲曲當真，因而一些捏造的故事便也成了風俗民情的一部分，甚至流傳至今。媽祖雖然貴為漢族唯一天后，但還是難逃八卦毒舌，其中最受人傳頌的便是〈大道公鬥媽祖婆〉。

傳說，保生大帝（大道公）與媽祖婆是家族世交並有婚約，長大後大道公醫術有成前來求婚，媽祖出了種種難題加以考驗，兩人平分秋色，不過因為大道公醫治了虎精、救了媽祖的哥哥，所以媽祖就準備下嫁，甚至大道公送媽祖水粉、媽祖送大道公帽子作為定情之物。但是，媽祖名列仙班要度化眾生，怎能嫁人？王母娘娘便化作產婦（一說母羊）分娩，讓媽祖瞧見因而厭惡男女之情，所以臨陣逃婚。大道公當然十分火大，於是作法下起大雨，要澆淋媽祖臉上的水粉，媽祖不甘示弱也颳起大風，要吹落大道公頭上的帽子，所以俗語說：「大道公風，媽祖婆雨。」大道公誕辰之日會颳風，媽祖婆誕辰會下雨，就是對方在施法作怪。後來媽祖出巡時，陣仗上的官牌便有一面是「風雨免朝」，這樣才不會又下起雨來，但「風雨免朝」乃因媽祖是航海女神，保佑船家一帆風順，風雨來朝反而不利，所以就賜予免朝。

話說回來，臺灣民間之所以流傳保生大帝與媽祖天后意氣之爭，其實是移民爭奪地盤的敵對情緒轉移罷了（見「保生大帝」章），而且這個故事也可能是「媽祖大戰呂洞賓」的翻版。

最美的媽祖廟

中國媽祖廟盛行之地如前文所述，而臺灣媽祖廟除了前面提及的之外，**臺南開臺天后宮、基隆和平島天后宮、新竹香山天后宮並稱臺灣最古老三大媽祖廟**。

嘉義朴子配天宮則是全臺皇帝敕封最多的媽祖廟，千里眼、順風耳、虎爺都由乾隆皇帝敕封，是唯一戴官帽、穿官服的將軍和虎爺，此外，嘉慶皇帝還御賜燈花，也是全臺唯一。

另外，該宮媽祖神像是由一棵樸樹雕塑而成，而樸樹的根部仍留於地中，所以稱為「搬不動媽祖」，二〇一三年配天宮正殿遭受火災肆虐，但開基媽祖與搬不動媽祖僅被燻黑，並無毀傷，信徒認為這是媽祖顯聖。

臺灣媽祖廟眾多，各個歷史悠久，不勝枚舉，本文就介紹為人所忽略的最美媽祖廟。在所有媽祖廟中，最美的應該有三間。

臺中旱溪樂成宮創建於乾隆十八年，後經翻建，被譽為代表臺灣媽祖廟的本土化型制，更表現出臺灣廟宇的藝術特色！宮殿是由木作大師陳應彬（清末至日據時期）設計製作，不但美不勝收，許多工法風格更影響臺灣以後的廟宇建築形式甚鉅，被譽為是臺灣傳統寺廟建築本土化的原型。可見樂成宮在臺灣媽祖廟與廟宇藝術中的地位。

彰化縣鹿港鎮濱彰工業區的護聖宮是全世界唯一由玻璃製成的廟宇，仿清朝鹿港天后宮外貌築成，雖然二〇一二年才完工，卻因特殊工法與絢爛景觀而備受矚目，是文創產業與媽祖信仰現代化的楷模，獲選內政部舉辦的臺灣宗教百景，是崛起最快並名列前茅的媽祖廟。

雲林虎尾持法媽祖宮也是一座新興媽祖廟，完工於一九九七年，被譽為「最美的媽祖廟之一」，

❖媽祖與佛教、觀音菩薩的關係

媽祖雖為道教神明，卻與佛教及觀音菩薩關係深遠。《天妃顯聖錄》序文說，媽祖是觀音大士轉身，民間傳說之一是，媽祖曾向觀音習道，兩人是師徒關係；明清記錄、考證媽祖資料最完全的《天妃顯聖錄》，是由明末清初昭乘和尚所編錄。

近代考古發現，媽祖與被視為白衣大士化身的唐朝僧伽大師有所淵源。

臺灣分廟最多的北港奉天宮媽祖神像是由清朝樹壁和尚攜入，目前該廟仍以佛教禮儀祭祀媽祖。

近代高僧星雲大師極為推崇媽祖，稱祂為「道教觀音」，並親自幫祂題詩作詞。

藉由人文元素、環保取向，營造出靈性空間，並透過整體靈秀的景觀，將宗教信仰、心靈淨化與藝術創作結合。其中包含景觀、交趾／剪黏、彩繪／書法、木雕、石雕、磁畫、銅藝等七項藝術造景，都是由當代大師親事完成，是一個心靈勝境、藝術殿堂。

媽祖的祭拜

農曆三月二十三日是媽祖聖誕，在此之前，各媽祖廟就會開始遶境，遶境有三個意義：謁祖、靖綏四境、拜訪友宮。這時也就是全臺痟媽祖、祭拜媽祖的巔峰。祭拜媽祖並無特殊之處，同一般拜拜，但記載中，媽祖是觀音大士轉身，從小茹素修道，臺灣分靈最多的北港奉天宮因為神像是由樹璧和尚攜入，所以廟方採佛教祭祀科儀。話雖如此，但包含奉天宮在內的媽祖廟都並未規定信徒須以素食祭拜媽祖，不過如果明瞭這個歷史淵源，祭拜媽祖時用素食，其實才是恰當的。

另外比較有趣的是，一般拜元君（女性神明），尤其是家庭、感情守護神，如七娘媽、九天玄女、城隍夫人，有時會準備神明用的胭脂水粉，讓祂打扮得美美的，但從清朝時就有一個傳說，若遇危難呼媽祖聖號，媽祖會立刻顯聖，但若呼天妃、天后，媽祖就須盛裝打扮，時效就差了點。這固然只是一個擬人化的傳說，不過祭拜媽祖，確實很少人用元君化妝品，可見百姓心目中的媽祖果真是救苦救難的莊嚴神尊，而非二十八歲的年輕女神。

悲天憫人，功與天齊

媽祖因為是航海女神之故，在臺灣等海洋國家備受尊崇，因而神階屢遭拔擢，但更深一層的原因是，祂能深入庶民的生活信仰，成為百姓心目中和藹可親、可以傾訴、可以請求、可以依賴、可以私密話語的婆媽，而非高高在上的命運主宰與帝性統治，所以能以凡人之身晉升天后，受皇帝親頌「功與天齊」，並成為百姓心目中的第一女神。

所以，信仰的真諦在於入世親民，而非高不可攀的神祕權威，這應該也是未來宗教改革的借鏡和方向。

關聖帝君

——人類中唯一的天尊

關聖帝君無非是中國「最神」的神明，從最初的朝廷敕封、民間祭祀，到道教封神、儒家稱聖、佛教護法，乃至於明、清時期鸞門群眾運動，甚至還倡導關帝由恩主公升任第十八代玉皇上帝。

所以，關帝代表的意義絕非拿香跟拜這麼簡單，而是整個漢族信仰崇拜和三教文化融合的演進縮影，而關帝信仰系統也是神明裡最龐大複雜的。

三教封聖——關聖帝君的神世

關帝生於東漢末年，姓名關羽，號雲長，真確出生時地欠缺足夠史料確認，現在採用的是西元一六〇年農曆六月二十四日，出生於現今山西省運城市解州鎮，解州旁有一鹹水湖，以產鹽聞名，關帝年輕時曾擔任運鹽隊的護衛，後因仗義犯法逃到河北涿郡，認識了劉備、張飛，三人於桃樹園裡發誓結義，一起投入征討黃巾賊的行列，從此展開傳奇的一生。

依《三國志》等諸多正史記載，祂智勇無敵，忠義不移，愛國情操與個性行事昭烈，襄助劉備匡扶漢室，位至前將軍，封漢壽亭侯，至六十之齡仍馳騁沙場，最後敗走麥城不降，被孫權於臨沮斬首，殉節就義，公認為中國第一戰神。

一六七〇年由荷蘭人歐佛爾．達波所繪作的關帝與其副將周倉。

有人說，關帝全是因為明朝《三國演義》而被神化，此說不完全正確，明太祖開國之前，關帝就已經被歷代皇帝敕封十一次，可見其道德與功績早為世人尊崇。明朝之後，因《三國演義》推波助瀾，關帝地位大躍進，再度受封二十六次，明萬曆皇帝敕封「三界伏魔大帝神威遠震天尊關聖帝君」，首次晉升帝級與天尊，是人類中唯一封為天尊者；清咸豐皇帝追封三代祖先為王，僅次於孔子追封五代祖先為王。

❖ 何謂「天尊」？

天尊一辭在道教裡是高於上帝的最高神階，以至於無極界，如元始天尊、道德天尊；在佛教裡，天尊等同於佛，《淨影疏》說，天尊是佛的異名，天有五種，如《涅槃》說，佛於五天中上，故曰天尊。

關帝的形象與史蹟在《三國演義》裡確實被重新形塑，現在對關帝事蹟的描述亦多出自《三國演義》，與所有神明崇拜都被聖化過一樣，這反應出來的是，社會期待一個完備的典範來供大眾景仰與見賢思齊，以行善良風俗的道德教化，而具備這樣完備典範的完人才有資格擁有神祕力量，可因人之善惡而賜福降禍，並且斬妖除魔維護天道運行，這些都是宗教很重要的意義與功能。

中國道德的最高成就無非「成仁取義」，其中，孔子倡仁，關帝忠義，孔子與關帝便分別成為漢族文武二聖的典範，加上關帝英靈威勇可以護國衛民，遂成為朝廷、三教、民間共同信仰的神明。神明中，被儒家、道教、漢傳佛教三教所共同接受而祭祀的只有關帝，從被跨教信仰可得知，關帝被信奉的意義不是流布的廣面，而是信仰的層面，對此不同族群共同接受的精神意涵，值得探討！

不斷晉升的關帝信仰

道教稱關帝為：關聖帝君、三界伏魔大帝、昭明翼漢天尊。道教有很多帝君、大帝，甚至還有一位玄天上帝（真武蕩魔天尊），若以位階來分，以關帝和玄天上帝之「天尊」為最高，甚至高出玉皇上帝，但傳統道教不敢逾越法理，仍以玉皇為最高主宰，可是關帝為三界大帝，所以具有天、地、人三界統轄能力。

道教原本就不是一個和佛教、天主教、回教一樣，一開始傳教時即有嚴密教主、教義、教團的組織，而是廣納各種學說、教派、民間信仰的融合性宗教體系，並且在接下來的發展中，仍不斷接受、產生各種新元素。

明朝道學興起，倡導三教融合，於是民間「以儒為宗，因神設教」的非道教鸞門系統興起；清朝中期以後，國運衰敗，瀕臨滅國，末日思想促使鸞門出現換神當家的新信仰。

此時，部分民間接受鸞門發展出的新關帝崇拜，集大成的表現便是《關聖帝君覺世真經》，該經先後以下列聖號恭請關聖帝君寶誥（傳達神明聖意的文體）：南天文衡聖帝、關恩主、伏魔大帝、昭明翼漢天尊。

鸞門信仰一開始認為，玉帝居五天的中天，關帝居於南天，是玉帝殿前首相，所以現在很多關帝信仰名稱與「南」、「協天」相關。

❖何謂「鸞門」？

明朝時「以儒為宗，因神設教」的新興教團，亦即主要教義為宣導儒家思想，但又在佛道神明之上另設最高主宰，它們的科儀不同於道教和乩童，以神仙降鸞（降筆）的方式來傳達神明意旨，因認為神仙乃乘鸞降臨，故名鸞門，或稱儒宗或儒門，但不可稱為儒教，因為儒教為儒家之別稱。

鸞門所在處所，大的稱宮廟，小的稱佛堂，降鸞場地稱為鸞堂，亦稱儒壇，信徒稱為鸞生，慣穿青衣長袍。鸞門沒有統一的組織，白蓮教、一貫道、恩主公、玄靈高上帝、無極系統皆屬之，但因各立教團，差異極大，不可一語概之。

鸞門強調三教合一，並將科儀簡化、戒除血祭、力行素食，是宗教改革的表現，但因其在融合佛道思想過程中，有扭曲經典原意的作法，所以未被其他二道所認同。

接著，政府腐敗、列強入侵，中土充斥末日思想，於是鸞門傳出關聖帝君為恩主公來拯救百姓的說法，恩主公就是救世主之意，因此，恩主公並非關帝的別稱，而是另一種分支信仰。

但清廷持續衰亡，民心思變，鸞門又傳出「天上換玉皇，地下換閻王」的說法，於是關聖帝君又被傳於清同治三年（此年為六十甲子開始之甲子年）接任第十八代玉皇上帝，稱玄靈高上帝，原玉皇上帝功德圓滿禪讓後回歸逍遙無極天，稱玄穹高上帝，《玉皇真經》內即明載：「光緒丙申年，降於汕江慕道仙館。」本經就出現了「玄穹高上帝」神號。

《關聖帝君覺世經》

本經相傳起於康熙七年，乾隆十年正式有《覺世篇註證》文本，成書時代應該是在降鸞善書發達的明末清初。本經和《太上感應篇》、《文昌帝君陰騭文》合稱《三聖經》，現存較早的《三聖經》合刊本，是清嘉慶十一年（一八〇六年）出版的《聖經彙纂》，現收於一九九二年版的《藏外道書》。

臺灣有鸞門於一九七二年發行《關聖帝君受禪玉帝經略》，推動五教共推關帝為玉帝之說，在此，從三教擴充為五教，就職程序從禪讓變成共推，似乎更符合廣大民主基礎，不過只限於臺灣小部分鸞門流傳。另外，鸞門降鸞時，也有以「蓋天古佛」稱呼關帝，顯現其蓋天本領。

儒教中的關帝

儒家原本為學術教派，但因其敬天法祖、崇尚禮法與祭祀，且儒學自漢朝後被列為國學，歷朝歷代皆有正式儀典與祭祀，並且全國通行，雖然無明顯神明信仰，卻有祭祀儀典，因此自成一教。

儒教祭祀分為國家法定的文廟（孔廟）文祀、武廟武祀，以及民間的文昌祠祭祀。**清朝順治皇帝制定關帝的春秋二祭，乾隆皇帝封關帝為山西關夫子，關帝成為國家與儒教的祭祀對象就此法定化，**乃至到了民國初期，關帝仍與孔子並列為政府的文武二祭。

在民間部分，儒家一向「敬鬼神而遠之」，其中「遠」並非「疏遠」，而是「只敢遠觀，不可褻玩」，但聚集學子讀書的書院仍會祭拜文昌帝君，祈求功名順利。因為天上有六顆文昌星，而且漢族原本就是泛神信仰，神明自然越拜越多，所以文昌帝君約於宋朝時便發展成五文昌：文昌帝君、文衡聖帝、呂洞賓、魁斗星君、朱衣神君（見「文昌帝君」章）。其中文衡聖帝就是關帝，因為關帝喜讀春秋，恪守法禮，是儒學道統的擁護者與捍衛者，因此人們敬稱「山東孔夫子，山西關夫子」。

明末鸞門《桃園明聖經》記載：關聖帝君是紫微宮裡的朱衣神，協管文昌、武曲星，當時鸞門也興起南天文衡聖帝聖號，這兩個說法都符合文昌精神，儒家便以文衡聖帝來稱呼關帝。

漢傳佛教中的關帝

佛教是外來宗教，漢傳佛教雖然已經在中土漢化，但因為教義獨樹一格，所以只吸納了關聖帝君為伽藍神；至於藏傳佛教，因為與西藏的苯教、中國的道教融合，所以吸納了許多漢族道術和神明，如老子（迦葉菩薩）、孔子（水月童子）、顏回（明月儒童）、玄天上帝（北辰妙見菩薩）、關帝（格薩爾王、噶瑪漢神、雲長王）等。

漢傳佛教典籍多有記載關帝成為伽藍神的經過，正式官方典籍清朝《關帝志・靈異・建玉泉》記載：

關帝在湖北當陽被斬首就義後，因心有不甘未能超脫，化作孤魂野鬼遊蕩作怪，隋朝時，智者（智顗）大師在當陽玉泉山見到異象，知是關帝作怪，便願意度化祂。當晚智者大師便夢見關帝顯靈，承諾要幫助智者大師興建玉泉寺（今景德禪寺），並供護佛法。於是智者大師便為關帝施授五戒，成為佛門弟子，並讓關帝成為玉泉寺的伽藍神。此例既開，後來逐漸演變成中土「伽藍神」為關帝專用，也尊稱為伽藍菩薩、伽藍尊者。

何謂「伽藍神」？伽藍即佛教寺院的音譯，伽藍神即佛教寺院監護之神。在道教中，廟宇土地之神稱為境主公，一般民宅土地之靈（非神）稱為地基主，很多人因而誤認伽藍神相當於境主公，其實中土境內可能有十多萬個境主公，但佛教總共才只有二十一位伽藍神，而道教有五百位護法神——靈官，及五位靈官統帥，稱五顯靈官，是護法神階級最高者，所以佛教伽藍神相當於道教靈官統帥。

這個說法雖廣為流傳，卻遭到若干關學學者強烈質疑，關帝就義後，立即受封祭祀，怎會化成遊蕩野鬼？關帝本性忠良，怎會到處作亂，將之妖魔化？官方典籍將此說歸為「靈異」類，顯然不是正史，而且道教之神需要佛教高僧度化，明顯是在貶道揚佛！

另一較具史實的說法是，南北朝與隋代是佛教興盛之時，但也天下大亂，政權屢屢更迭，此時最需忠義精神鞏固政權與安定社會，隋朝開皇十三年，智者大師奉詔在當陽玉泉山建寺，關帝身塚也在當陽，緣此，關帝便因天時、地利、人和被拔擢為玉泉寺伽藍神。伽藍神尊貴，關帝在玉泉寺並非站在門口，而是建伽藍殿供奉。後來，中土伽藍關帝就取代了原本二十一位伽藍神。

佛教中的伽藍神

伽藍神在傳統佛教裡地位很重要，有伽藍殿、早晚日誦的《伽藍讚》，而《七佛八菩薩大陀羅尼神咒經》中記載，佛教原有十八位伽藍神，後增為二十一位。

宋朝時，中土佛教寺廟開始以韋馱為護法，接著便演變成以韋馱、關帝為左右護法的中土傳統，不過伽藍神也從被供奉，變成像是侍衛一樣的左右護法。韋馱原是印度婆羅門教的天神，為四大天王、三十二將領之首，後來佛教將其變成護法神，而且將在我們這個賢劫時代保護前九百九十九位菩薩成佛後，成為第一千位佛祖。所以韋馱已經受記成佛，是未來佛，關帝與之同為左右護法，自然也有類等的地位。

隋代玉泉寺開寺以關帝為伽藍神，後南宋高宗敕頒「顯烈」廟額，相傳元世祖因尊崇佛教，封關聖帝君為佛教監壇，這是關帝在佛教地位法定化的開始。

關帝和祂的兄弟們——關帝的陪祀和配祀

在桃園三結義中，關帝和劉備、張飛是三兄弟，不過在道教系統裡，劉、張兩位似乎並不怎麼出名，且經常被誤解成是關帝的兩位侍從或陪祀。關帝的兩位陪祀，龍邊斯文白面手拿官印，是祂的大兒子關平，《三國演義》寫成是祂的義子，經常被誤解成為劉備；虎邊虯髯黑面手握關刀，是祂的副將周倉，經常被誤認為是張飛。在道教系統裡，稱關平為太子、周倉為將軍，在恩主公系統裡，關帝則稱為聖恩師。

恩主公由來，據清道光年間鸞門流傳的《關聖帝君救劫文覺世真經》所載，因世道中落，善人千中難尋十人，玉皇上帝於是有意將作惡眾生收盡，但經關帝聚諸眾神苦求，玉帝方乃罷休，並賦予關帝教化救度蒼生之責，從此關帝變成萬民的救世主。

恩主公有三尊與五尊，但都以關帝為首（恩主公名剎中，只有臺北木柵指南宮以呂洞賓為主），三尊指的是關聖帝君、孚佑帝君（呂洞賓）、司命真君（灶神），可能原因是，呂仙祖是道教最出名的男神，而灶神則是與百姓每日生活接觸最頻繁親切的神。如果為五尊者，另外兩尊可能是張仙大帝（送子神、送祿神）、豁落靈官王（道教護法三十六天君之首）、岳武穆候（岳飛）、文昌帝君、玄天上帝，甚至媽祖不等。

另外，關帝還有一位「兄弟」，便是赤兔馬，赤兔馬是三國四大名駒之一，另三匹名駒分別是劉備的的盧、曹操的絕影和爪黃飛電。關帝被殺後，赤兔馬被轉送給生擒關羽有功的馬忠，但馬有靈性，不願屈敵，赤兔馬最後絕食而死，跟楚霸王的烏騅馬跳江自溺一樣，傳頌千古。因為赤兔馬忠心，所以漢族騎馬師會都祭拜赤兔馬，一些關帝廟亦設有赤兔馬神像。

商場和江湖中的關二爺

關帝一生官場戎馬，封神後成為民間商場與幫會供奉之神，這恐怕是祂始料所未及之事！漢族民間傳說關帝是財神爺，這應該是「商神」的誤解，因為關帝最重信義，跟商人講求信義的精神一樣。

另外，又相傳算盤也是關帝所發明（一說孔子，孔子教書前曾當過會計），因為關帝從戎前經營過鹽的買賣，但其實是當過運鹽隊的護衛才對。

以上說法都缺乏史料依據，比較可信說法是，世界歷史上有三大商人，分別是：猶太商、威尼斯商，以及漢族的晉商，晉商就是山西商人，自堯舜時代起他們就是著名的商隊，關帝也是山西人，晉商自然供奉關帝，而關帝也因晉商而得到商神的封號。

軍警祭拜戰神關帝是天經地義的事，但與軍警敵對的幫會祭拜的也是關帝呀！幫會分子不遵守社會規範，所以內部必須神化忠義價值，並進行威權統治，免得小弟砍大哥等「不符合江湖道義與倫理」的事發生，因為關帝最重兄弟情義、個性昭烈驍勇，自然被幫會分子奉為偶像，但幫會不稱關聖帝君，因為帝君是官，也不稱關老爺，而是關二爺，以彰顯長幼倫理。不過，關二爺對上伏魔大帝，氣勢就略遜一籌，自然邪不勝正了。

關帝與貂蟬真的沒關係

中國四大美女之一的貂蟬，有些戲劇把她說成最後被關帝所殺，這是天大冤案，因為在《三國志》和《三國演義》裡，這位美女在呂布被殺後，便不知所終，但劇作家自然不會放棄這個難得可以大做文章的梗，且流傳了至少七種版本。其中《斬貂》、《關公月下斬貂蟬》雖然劇情不同，但皆因貂蟬對關帝有挑逗行為，讓關帝認為女人是紅顏禍水，所以斬之。其實，貂蟬被派去當挑撥董卓、呂布這對義父子的桃色間諜時，還是冰清玉潔的黃花大閨女，而且從事的是保皇愛國任務，並非真的是水性楊花的女性。

而在《關公與貂蟬》等一些戲劇裡，關帝知道貂蟬的機密任務，而貂蟬也對關帝英雄氣概頗多愛慕，其中還穿插一些兩人心靈交流的情愫，彼此有些情投意合，但因為政治因素過於複雜，所以貂蟬自刎，以示清白。不過，這也還是戲曲雜說而已。

關帝不但沒碰過貂蟬，甚至正史和《三國演義》中連祂夫人的名字也沒記載，只記載姓胡，野史說是胡金定。關帝三男一女皆胡氏所生，這點是可以確定的。

不同的身分，一樣的紅臉

關帝因為有太多身分，所以造型多變，展現不同的象徵意義，但共同之處便是《三國演義》的描述：「**丹鳳眼，臥蠶眉，面如重棗，身長九尺五寸，髯長一尺八寸。**」極易辨認。

文衡聖帝、商神、一般家中祭祀的關帝，是持《春秋》的關帝，沒有武力傾向，彰顯文貴、忠義與保佑意義。伏魔大帝持青龍偃月刀，象徵驍勇善戰，刀頭向上，表示斬妖除魔；刀頭向下，表示不好殺，僅為鎮壓。

關帝頭戴的冠冕有帝王帽、便帽兩種，但這只是官服與便裝打扮的不同，意義上無甚差別，如果是戴玉皇上帝的十二行珠冠冕旒，則是玄靈高上帝。

佛教中的伽藍神則是手持寶劍，跟一般佛教神明一樣，眾寶妙衣上有許多冠帶、瓔珞、彩帶，象徵華貴，並有飄然的感覺。

神君官冕的分類

男性神尊的官冕可分為四級，一是上帝帽，有加十二行珠冠冕旒，正統來說，只有玉皇上帝能戴，但民間的三官大帝、紫微大帝等先天級神明有時也會加戴；二是帝王帽，大帝、帝君稱謂者加戴；三是王爺帽，王爺等級者加戴；四是相帽，土地公等受有敕封者加戴。

關帝的祭祀與廟宇

武祀從唐朝開始，但祭祀的神明歷代略有變更，一開始是姜太公。明太祖朱元璋出身佛門，不信神靈，廢除許多中央祭祀，只保留祭祀昊天上帝和祭孔，並廢除武廟，改祭歷代帝王的太祀殿。但朱元璋建國精神是「驅逐胡虜，恢復中華」，所以將抗胡（金）名將岳飛列入太祀殿祭祀，配享等同宋太祖趙匡胤，岳飛因此成為明朝武神。與金有淵源的清朝崛起後，自然貶抑岳飛，改以關帝為武祀對象，武神變為關帝。民國初年則是同時祭祀關公、岳飛，並陪祀二十四名將。

在民間祭祀部分，關帝在當陽被東吳斬首後，首級送給洛陽的曹操，所以有「頭枕洛陽、身臥當陽、魂歸故里」之說，使得河南洛陽關林關羽墓（首塚）、湖北當陽關陵（身塚）、山西解州關帝廟合稱三大關廟。其中祭祀關帝最旺之地，自然在關帝故里解州，解州關帝廟據碑刻記載，創建於隋朝，現為清康熙四十一年後重建。

在臺灣，清康熙八年（鄭經永曆二十三年，一六六九年）興建的**臺南開基武廟，是臺灣最早的關廟，因為規模較小，俗稱小關帝廟**，目前只剩下正殿遺蹟修復的部分。

臺南祀典武廟俗稱大關帝廟，是國家一級古蹟，亦建於鄭氏王朝，後因清朝皇帝頒布祭關規定，且封關帝三代為王，所以大關帝廟便成為清朝官方祭關的官廟，並增設三代廳，祭祀關帝三代祖先，祭祀規模、文物保留最為完整。

新竹關帝廟建於乾隆四十一年，一九七七年增建岳武穆王殿祭祀岳飛，又稱新竹武聖廟。關廟有時會陪祀岳飛，但少見另建岳飛殿；此外，本廟亦設有赤兔馬與牽馬校尉廂房，並置有赤兔馬爐——

這兩者都是關廟少見的特色。草屯惠德宮大門前石獅旁，龍邊是赤兔馬、虎邊是牽馬校尉銅雕，也是其他關帝廟少見的殊勝景觀。

高雄關帝廟從出土文物推斷，可追溯至元世祖，號稱有七百年以上歷史，不過目前認定的還是以臺南開基武廟為臺灣最早。高雄關帝廟雖為關帝廟，卻頗有三教融合之勢，除了道教神明外，還包括儒教的文昌帝君、魁斗星君、倉頡先師，以及佛教的觀音、文殊、普賢菩薩、十八羅漢、韋馱尊者。關帝原本即道通三教，如此規模很符合關帝精神。

臺灣非常有名的宗教活動鹽水蜂炮，就是由臺南市鹽水武廟舉辦，光緒年間因為該地流行瘟疫（急性流行傳染病統稱，如鼠疫、霍亂、瘧疾、天花……），所以請出關聖帝君在元宵節前遶境來驅逐瘟疫，並燃放蜂炮助陣，現今已成為臺灣元宵節三大慶典活動之一，也是少數非由王爺，而是由關帝來驅瘟的活動。

恩主公信仰主要發源於中國雲貴，卻在臺灣形成非常獨特而風行的信仰，臺灣恩主公前面都會加上「靈驗」二字，表示感應非常靈驗。

臺北行天宮是全臺香火最鼎盛的恩主公廟，二〇一四年八月首創全臺包含佛寺在內，不燒香、不燒紙錢、不拜供品，廟內甚至沒有捐獻箱，提倡恢復以心香替代供養的廟宇。

❖臺灣元宵三大慶典活動

北（新北市平溪）天燈、南（南市鹽水武廟）蜂炮、東（臺東玄武堂）炸寒單。

雖然不燒紙香、獻供，二〇一五年三月行天宮一樣奪得網友票選臺灣最靈驗寺廟第一名，票數還贏過第二名百分之五十（二〇二一年仍是票選第一名）——正神在意的是善念，不是供品；在意供品的是陰靈，不是正神！

在玄靈高上帝崇拜方面，臺中明德宮天聖堂是一個代表，廟宇正殿供奉三恩主公；後殿一樓設有三清殿（以道德天尊老子而非元始天尊為中位）、大成殿（主祀孔子）、大雄寶殿（主祀釋迦牟尼佛），表現出三教合一的鸞門精神；二樓主祭玄靈高上帝；三樓主祭玄穹高上帝（原玉皇上帝）與歷代上帝，因玄穹高上帝已歸逍遙無極界，所以只有神龕，沒有神像。

關聖帝君的祭拜

祭拜關帝同一般神明，但因為關帝是戰神，所以不拜楊桃，以免「揚長而去，逃之夭夭」，有些人因為關帝是戰神，所以祭拜菸酒檳榔，這是幫會和特種行業的做法，「進酒三巡」才是正當作法禮儀，過之則非禮，菸酒檳榔、過度血腥會使神靈發性，非任何正神及護法、兵將所好。

如果是祭拜文衡聖帝，則同文昌帝君（見「文昌帝君」章）。祭拜恩主公、玄靈高上帝則為素食，因為臺灣恩主公教團祭祀時是素食，有些恩主公廟順應風土民情有燒紙錢，但其實恩主公是不燒紙錢的。

從神權轉為人權的信仰思維突破

在各文化裡，至高無上的神明都是自然崇拜演化而來的天帝級自然神，帶有敬畏天地的成分，而聖賢則是真實存活過的人，因為思想言行受人景仰，因而封神追思，懷有見賢思齊、民俗教化的意涵，如果凡人能因為典範昭彰而為各個教派所接受，並晉升至與天帝一樣崇高的地位，正說明人是可以透過修行、奉獻而等同於天！

將人的地位提高至與天同齊，無疑是信仰擺脫自然崇拜，轉向鼓勵人類修行的思想轉變，這個全世界在臺灣首見的宗教演進與突破饒富宗教變革意義，而這個現象就發生在關帝身上。這種將「神權」轉為「人權」的演變，是思考人類與大自然關係的極大突破，值得深思！

玄天上帝

——屠刀成佛的一級戰神

上帝公不是天公伯

漢族神明中，不能不認識的神明之一，便是玄天上帝！論職位之高，祂和關帝同被敕封為「天尊」等級，且是唯一被封為上帝的神明（天尊高於上帝）；論重要性，祂是明朝官方祭祀的國神，並隨鄭成功來臺建立深度信仰；論廣泛性，祂是全國性信仰，而非地方信仰神明。

所以，這位漢族唯一五星上將國神，不得不對祂三鞠躬！不過，要特別釐清的是，玄天上帝的上帝並非天帝的上帝，而是高於大帝、帝君的稱謂，民間百姓雖俗稱祂為上帝公、上帝爺，但絕不能與玉皇上帝搞混。

玄天上帝原名玄武大帝，宋朝時因避皇帝名諱而改稱為真武大帝，民間俗稱玄天上帝。玄武就是天文四象裡北天的靈獸龜和蛇，所以玄天上帝象徵的是整個北天與玄武七宿，而非傳說中的北極、北斗七星或北極星而已。

玄武七宿在《漢書．天文志》記載為「北宮玄武」，包含：鬥、牛、女、虛、危、寶、壁七宿。

神君等級

男性神尊敬稱神君，朝廷敕封等級由上而下為：天尊、上帝、大帝、帝君、真人（真君）、王、公、侯、賜廟額。

玄武原本是指黑色的烏龜，到了元末明初時期，道士張三豐崇尚武神玄天上帝及陰陽太極，創立武當派，玄武和陰陽太極產生連結，玄武圖像遂逐漸變為龜蛇交纏，龜圓是陰，蛇長為陽（以生殖器形象論），龜蛇交纏，象徵陰陽合抱與太極一體，所以玄天上帝還是漢族武術之神呢！

為什麼玄天上帝是武神？因為漢族以華北地區為主要政治中心，而且與北方民族交戰數千年，還屢遭叩關，甚至直搗皇城。所以，北天玄武自然成為非常重要的崇拜，而且是國防武力的崇拜。

玄天上帝不但是武神，同時因為五行中北方主水，所以也是水神，凡舉江湖、海洋之水利、戰事等，祂與媽祖一樣都是主要神明，而且功績顯赫，屢屢顯聖幫助國家建立奇功，因而受到朝廷最

龜蛇交纏的玄武圖像。

❖ 天文四象與玄武七宿

周朝開始，漢族天文學即將天空分成東西南北四個分位，稱為四象，後來神話以四種靈獸來象徵，分別是東天青龍、南天朱雀、西天白虎、北天玄武。四象各有七曜，所以天空共有二十八星宿，這裡的曜、星宿，並非指單顆星，而是星官（星系組合），是漢族的星座。月亮繞行天空一周，經過二十八星宿，就是農曆一個月二十八天。

崇高的敕封和祭祀，但民間百姓因為只需用到斬妖除魔，所以將祂和伏魔大帝關聖帝君、驅魔真君鍾馗帝君，合稱為三伏魔帝君，果然凡人不識真神仙！

從輝煌的天尊到被貶抑的屠夫

北天玄武和其他自然崇拜一樣被神格化，從唐朝時開始敕封，元朝蒙古人來自北方，敕封為「元聖仁威玄天上帝」，這是漢族除了玉皇上帝外，唯一的上帝稱謂，象徵元朝的無上地位。

明朝更是玄天上帝最輝煌的年代，相傳，朱元璋曾多次受到玄天上帝的保佑，所以化險為夷，打敗陳友諒和元人建立明朝，因此十分崇拜玄天上帝。

不過，史料的說法是，朱元璋興起於淮泗一帶，那裡因為武當派崇拜玄天上帝的關係，朱元璋也就順應當地信仰，玄天上帝因而成為明朝水師主神和國家戰神，敕封為「真武蕩魔天尊」，晉升為天尊。後來朱元璋的四子朱棣，因為反對削蕃，所以發動戰役奪得王位，之後遣鄭和七度出使下西洋，所以極度崇拜水師戰神玄天上帝，大肆興廟，從此玄天上帝在明朝成為最龐大的信仰，是為國神。

到了清朝，因為滿族是來自北方關外的民族，所以大肆清算反對北方民族的神明，主要是為了消滅反清意識，包括抗金名將岳飛從戰神中被除名，助明反元的玄天上帝也被打壓，所有玄天上帝廟被清廷收管，譬如臺南大上帝廟後方就被改建，供士兵和相關人等居住。此外，還散布不實故事，刻意把玄天上帝從玉皇分魂貶為凡間屠夫。不過，天地會等民間宗教組織主張反清復明，仍奉玄天上帝為主神。

在臺灣，鄭成功繼承明朝命脈與其父的海上勢力，也是崇拜玄天上帝，攻克臺灣後，為了清除荷蘭人留下的天主教信仰，大力興建漢神廟，其中就以關帝廟和玄天上帝廟為主，所以臺灣也是玄天上帝信仰的重要地區。

是玉帝分魂還是凡間屠夫？

所有神明在漢族文化的傳衍中都難逃被小說家或劇作家「戲弄」——賦予傳奇故事的命運，玄天上帝也不例外。

明朝萬曆年間的神魔小說《北遊記》（又名《北方真武祖師玄天上帝出身全傳》），戲說玄天上帝是玉皇上帝三魂中的一魂轉世，第三世時名為李玄晃得道，玉帝封為「金闕化身蕩魔天尊」，掌九天太陽宮，管三十六員天將，賜龍袍、七星劍、七寶冠及繡墩座，這便是目前流傳玄天上帝神階、職權與造型的由來。第四世時，至武當山修道，師父為祂剖腹掏腸，換上仙體，得道後，玉帝封為「玉虛師相北方玄天上帝」，在人世間收服妖魔，並制伏了在水中作亂的龜蛇二怪，這就是現在流傳玄天上帝剖腹掏腸及收服龜蛇故事的原型。

不過，清朝政府刻意打壓玄天上帝，將祂從玉帝的一魂變成一個凡人屠夫李玄晃（即《北遊記》第三世姓名），後來李玄晃有感殺生罪孽太重，便入山修道。一日，觀世音在河邊化成產婦，請其幫忙洗滌產後血汙，因為生命的誕生讓李玄晃頓悟自己的殺生業障難以彌補，便剖腹掏出自己的腸胃，一如被祂屠宰的豬隻一樣，作為謝罪。因為祂的赤誠堅心，神靈終於得道，但祂的腸胃卻化為蛇精和龜怪在水中作亂，所以祂便收服蛇龜二怪。這個降階版的故事，從清朝流傳至今，反而變成玄天上帝故事的主要傳說，甚至被眾多廟方採用。

漢族的神明除了難逃小說家的戲弄外，也難逃宗教人士的操弄，包含玉皇上帝在內，大部分的神明後來都會傳出模仿佛經的經典出來，以佛教的角度來戲說祂們的身世和修行過程，《太上說玄天大聖真武本傳神咒妙經》便說，玄天上帝是太上老君第八十二次變化之身，但民間流傳與唐朝政府認定的，太上老君只有八十一變身，因為九九八十一是變的極數，孫悟空才到七十二變的階段，八十二變不符合道數的法則。

密宗的北辰妙見菩薩，持劍踩龜蛇，是玄天上帝的造型，為密宗與道教宗教交流後的產物，並封祂為中土最大守護神，可見玄天上帝威名遠播。

光腳踩龜蛇，七星劍無鞘

現在玄天上帝的造型，大約是依《北遊記》所述，不過不著寶冠、龍袍，改著盔胄，以更符合戰神的形象，左右腳分別踏著被祂收服的龜蛇二精，龜蛇其實就是玄武的象徵。另外，玄天上帝是光腳丫的，因為傳說玄天上帝急著收拾龜蛇二怪，連鞋子都來不及穿，象徵戰神動作迅速至上。另外，玄天上帝手握七星劍，卻沒劍鞘，象徵隨時都在備戰狀態。不過，因為玄天上帝的七星劍沒劍鞘，又引發小說家創作出祂和另一位也相傳擁有七星劍的呂洞賓仙祖的傳奇。

民間相傳，玄天上帝為了收拾蛇龜二妖，所以去向呂仙祖借七星劍，有的故事還加油添醋說，玄天上帝是以祂掌管的九天太陽宮與三十六員天將去抵押的，這顯然就說得太超過了，因為沒兵沒將，戰神怎麼打仗？

任務完成後，玄天上帝為了繼續執勤，便拖延不還劍，可是只要一鬆手，劍就會自動飛回劍鞘，所以玄天上帝只好一直將劍握在手上，而民間的呂洞賓畫像，有的也真的只畫呂仙祖揹著劍鞘，但沒有劍身，這當然只是民間傳奇，飯後笑談。

另外還有一說，劍是向保生大帝借的，保生大帝是醫神，自然不必用到劍，頂多像華陀一樣用到外科手術刀（古代郎中為人剃除癰疽膿瘡確實會用到手術刀），反倒呂仙祖是書生又是劍仙，有劍是合理的。但最主要的關鍵是，在《北遊記》中，玄天上帝已被玉帝御賜七星劍，這是祂造型持七星劍的原因，所以是不用跟任何人借的。

玄天上帝的劍和關帝以及其他持刀劍武器的神明一樣，如果劍是舉起的，便是斬妖之像，如果是下按，只有鎮壓之意，民間家裡祀奉的上帝公神像，大多只做舉劍手勢，但沒有劍身，以消除尖銳肅殺之氣，只取其英勇與保護之意，與關帝持春秋意思一樣。

玄天上帝因為是明朝國神，所以和明朝皇帝相關的傳說也很多。一說，朱元璋與陳友諒大戰敗走，逃至武當山山洞躲藏，這時玄天上帝顯靈，讓蜘蛛很快的在洞口結起重重蛛網，蒙騙過搜查的追兵，朱元璋才躲過一劫。而明成祖出兵奪位，傳說也是受到玄天上帝的指示，甚至傳說明成祖是玄天上帝轉世，所以當時玄天上帝的臉，就是依據明成祖的臉去雕塑的，這招朱元璋也用過，朱元璋為了加強神權統治，一開始他的肖像是以類似龍頭的形象去繪畫的，這無疑都是借神權迷信來鞏固君主政權的伎倆，在漢族神明興衰更迭史上屢見不鮮。

上帝公的奉祀廟宇

在中國，最有名的玄天上帝廟，當屬供奉玄天上帝為主神、並帶起信仰風潮的武當山，明成祖徵民伕三十萬人在武當山建九宮八觀等三十三座建築群，後代皇帝又加以修建，是按照「真武修仙」的故事佈局，展現天人合一的思想，最鼎盛時，廟宇兩萬餘間，聯合國教育科學文化組織將現今武當山觀群列為世界遺產。其中，最負盛名的是明太祖敕建的太和宮，它的主殿——金殿是純銅製造，外鎏赤金，展現戰神的浩天氣度和無比尊貴。

福壽康寧園景區是武當集團興建的公園，園中的龍泉觀是武當八觀之首，觀前有一座武當山古香道最長的石橋，由於古橋橫跨九渡澗直達山上的天庭，所以取名天津橋。

臺灣的玄天上帝信仰是由明鄭政府大量帶入、提倡，明鄭以臺南為首府，所以臺南為玄天上帝信仰大本營，而安平沿海一帶，因地形酷似玄武（蛇與龜），所以是玄天上帝廟的集中區域，其中以臺南北極殿（大上帝廟）、開基靈佑宮（小上帝廟）為代表。

臺南市北極殿（大上帝廟），位於府城地勢最高的鷲嶺上，是臺灣歷史最久、唯一明朝官方祀祭的玄天上帝廟，奉祀的是鄭成功攜來臺灣的玄天上帝香火，廟中明寧靖王永曆二十三年（一六六九年）所書的「威靈赫奕」匾額，是全臺歷史最悠久的古匾，而以兩條金光浴火神龍為門神的川門，也是臺灣最早的神龍門神，可謂文物薈萃。清朝時因朝廷打壓，北極殿一部分廟地被改為軍用（今改為後殿及兩廂），日據時代與國民政府時代又因拓建馬路拆了部分廟體，便成了今日模樣。

南投縣名間鄉受天宮位於松柏嶺重山疊翠之中，風景優美仿若仙地，這裡也是臺灣知名的茶鄉，心靈、天境、茗香相互輝映，靈氣充滿！受天宮香火是明鄭時期由中國攜入，康熙年間選擇現今「龍蝦見江」的龜蛇吉穴建廟，**由此分靈出去的各種廟壇計四千餘座**，**有臺灣玄天上帝總廟美譽**。受天宮採玄天上帝為玉皇上帝一魂之說，在一樓主殿之上設有玉皇上帝殿，是臺灣的道教重地，為全島最大乩童訓練所，也是乩童的大本營。

高雄市左營元帝廟北極亭矗立於蓮池潭水中，外型是高七十二公尺的玄天大帝神像，號稱為東南亞最高水上神像，手執的七星寶劍長三十八點五公尺，也被稱為天下第一劍，上帝公水神的磅礴氣勢，在此淋漓盡致地顯露無遺，是蓮池潭風景區三大景觀之一。

上帝公的祭拜

農曆三月初三是玄天上帝誕辰，上帝級以上的神明，如三清道祖、玉皇上帝、三官大帝、玄天上帝，因有好生之德都是拜素齋，誕辰也會準備祝壽食品，玄武龜蛇被上帝公收服後已跟著修行，所以不拜麵龜、紅龜粿，有人會準備葷食犒賞兵將，但應避免食物中有豬腸、豬肚，因為此時它們是龜蛇的象徵。其餘則同素齋禮儀，見「觀音菩薩」一章。

放下屠刀，立地成佛

雖然上帝公的身世後來從玉皇分靈被矮化為凡間屠夫，但其實這並無損祂的偉大，反而是放下屠刀、立地成佛的典範，凡人知錯能改，戮力向上，最後能被奉為國神，乃至位追天帝，不是對人類修行的最大肯定與鼓勵嗎？所以，除了屠宰業以有此守護神為榮外，我們也應該以有這樣的上帝為傲。

三清道祖

——道的始祖

無極生太極，化生萬物的道祖

認識三清道祖的人可能不多，可是你不能不認識祂們，因為祂們是玉皇上帝的老子，如果玉皇上帝是皇帝，那三清道祖便是退居幕後的開國太上皇，雖然不理世事，卻是整個朝代法源和脈傳的道統，沒有祂們，就沒有這個國家和法統，同樣的，三清道祖便是漢族「道」的開始、象徵和神格化，所以稱為「道祖」。

依道教的理論，天地形成是「無極生太極」。所謂「無極」，便是天地未開（沒有時間、空間）、陰陽未生（沒有氣，沒有任何元素）的空無狀態，這時宇宙是零，一無所有，但卻蘊含著一股化生萬物的無形法則或意識。所謂「太極」，即陰陽初分、但天地尚未展開之時，這時宇宙好像一個單細胞的受精卵胚胎，有X和Y，但還沒開始分裂化生，這時宇宙是一。

天、天帝、昊天上帝、玉皇上帝，是有形宇宙的源起，是太極的神格化；三清道祖便是無極的神格化。所以，玉皇上帝是三清道祖所化生。

❖什麼是「道」？

漢族的「道」就是整個宇宙生成的根本、源起、生化方式、系統架構、運行法則等的思想體系，因為宇宙觀會決定倫理觀，所以「道」除了是漢民族的宇宙觀，也是漢民族的倫理觀。

開太極的推手——元始天王

「無極」一詞最早見於春秋《道德經》，代表漢族渾沌和空無的思想；「太極」一詞最早見於戰國時代《繫辭．上傳》，代表宇宙陰陽已經分立的狀態。所以，無極的概念發生得比太極早，把兩者結合在一起的，據傳是五代道士陳摶「無極生太極」的《無極圖》，後來被北宋朝周敦頤《太極圖說》援用，從此成為漢族的道統思想。

至於無極如何生太極，並沒有明顯的典籍記載，不過依據老子「物極必反」的觀念，以及《太極圖說》太極一動一靜反復運動而生陰陽、五行來推演，無極是「靜極反動」而生太極，這跟現代物理學說，奇異點因為極度壓縮，所以像壓力鍋一樣爆炸開來的觀念吻合。

❖什麼是「無極」？

道家稱為無極，道教稱為先天無極界，類似的概念有佛教的如來藏、阿賴耶識、種子、華藏海世界，和印度教超越現世現象，最終真實存在的「梵」。無極沒有三界的時、空、物、能、場、力等元素，只有生成宇宙的法則或意識，三界為它所化生，但它卻沒有三界的元素。就現代物理學來講，非常類似那個時空物能場力都被極度壓縮，因而引發宇宙大爆炸，產生宇宙的「奇異點」。要注意的是，無極生太極，而非在太極之外還有一個無極境地。

就神格化的說法是，無極的真空境界是由元始天王將之轉為太極的妙有境界，至於元始天王是誰？理性來講，實非人類經驗所能追溯及智慧所能理解，只能說是一種自然崇拜的神格化，而眾多的神話則是教團造神、民間傳奇的產物，但也饒富民俗樂趣。南北朝葛洪《枕中書》最早提到元始天王：「梶嶼（渾沌）未開之前，有天地之精，號元始天王，遊于其中。」（無極是無所有，渾沌是已經轉為氣，但陰陽未分，太極是陰陽已分但尚未分化。）

因為民間有「盤古開天」的傳說，因此很自然便將開天的盤古與開太極的元始天王連結為一。盤古一詞現存最早文獻是三國《魏大饗記碑》，只有「盤古」二字（見「盤古」章）；元始天王記載最早出現在南北朝葛洪《枕中書》，兩者之間差了近兩百年。《枕中書》除了前面說的，元始天王悠遊於梶嶼，又說盤古真人自號元始天王，還說盤古真人和元始天王一起住在大羅天上宮，顯然是雜錄民間傳說，所以說法紛亂，原則上一開始時，盤古是民間傳說，元始天王是教團造神，後來被視為同一神尊。

一氣化三清——三清道祖的登場

元始天王除了將無極轉為太極，自己也「一氣化三清」，將一股真氣化為三股，就是三清道祖，層次由上而下分別是：元始天尊、靈寶天尊、道德天尊，同居先天無極界，也就是大羅天，三清道祖分居在三個不同層次的天界與仙境：玉清、上清、太清，所以稱三清，三清的名稱最早見於南北朝陶弘景的《真靈位業圖》。

為何元始天王要一氣化三清？《老子》：「道生一，一生二，二生三，三生萬物。」這裡的一、

先天無極界簡表

大羅天		
元始天王		
清微天	玉清境	元始天尊
禹餘天	上清境	靈寶天尊（太上道君）
大赤天	太清境	道德天尊（太上老君、老子）

二、三可能只是指道「無中生有」（無極生太極），而「有」是由單數到雙數到複數到萬萬物的過程，這卻給後代教團將至高的無極界主神推到了三個天尊之上。

三位道祖並非一開始就是以組合之姿出現，或是一氣化三清所成，而是各個不同教派的最高神明，後來經過一番演進、整合和政治力的介入後，名稱、順序才定了下來。

三清中，最早出現且唯一史料記載存在過的，只有道德天尊老子，不過最後祂卻是三清的末位，可見神明的營造往往是教團「頭上加頭」，也就是一直往上追溯堆疊，而最後決定神明地位的是教團勢力和政治力。

東晉末年，靈寶派以當時勢力最大的元始天尊為老大，自己教派的太上道君為老二，歷史最悠久的太上老君為老三，成為無極界眾多神明的前三位，可見最早的記載是唐朝《老君聖蹟》。而三清三神也在唐朝時獲得官方和道門的認可，因而確立，宋朝以後名稱逐漸改為現在通稱的三清道祖，並以元始天尊之「天尊」為統一聖號，太上道君因靈寶派的尊崇，而稱為靈寶天尊；太上老君因著《道德經》，而稱為道德天尊。

三清道祖出現年代表

神尊	出現年代	最早出處與聖號
元始天王	東晉	葛洪《枕中書》稱元始天王
元始天尊	南北朝	陶弘景《真靈位業圖》簡稱元始天尊
靈寶天尊	南北朝	陶弘景《真靈位業圖》簡稱太上大道君
道德天尊	春秋	《道德經》稱老子

三寶、三藏、三聖佛與三清

原始道教可追溯至東漢末年的太平道、五斗米教（天師道），甚至更早期春秋戰國的方仙道，及陰陽五行、五術等家，但因為沒有統領的組織，所以龐雜無序，直至晉末、南北朝，才開始被學術道士有系統的整理歸納，這時佛教已經興盛，所以便以最崇高的三清仿效佛教系統，建立許多規範。

皈依佛教，是皈依佛、法、僧三寶，所以佛教稱信徒為三寶弟子；**皈依道教，則是皈依道、經、師三寶，其中道寶為元始天尊、經寶為靈寶天尊、師寶為道德天尊，所以稱三清弟子**。

佛教有「三藏」（經、律、論）經書百科全書分類方式，與「十二部」經書書寫格式分類方式，宋初的道教第一部《三洞經書目錄》就是仿效三藏十二部。「洞」就是「通」的意思，三洞包括——洞真部：即上清經；洞玄部：即靈寶經；洞神部：《三皇文》和其他召喚鬼神的書籍，即天師道的符籙齋醮之書。後人將三洞編目擴充，也將三洞分為十二部，共三十六部。現在所說，三清道祖各說經典十二部，共三十六部傳世度迷津，就是據此而來。三洞幾乎涵蓋道教道法，所以學習三洞的三洞弟子，就是三清弟子。

規模夠大的佛寺多會建設大雄寶殿來祭祀釋迦牟尼佛，有的則是建設三聖佛殿同時祭祀釋迦牟尼

中國三大教派的最高神明

起源教派	現今山頭與派名	創教年代	尊奉最高神明
天師道	龍虎山正一派	東漢末年	太上老君
上清派	茅山茅山派	三國	元始天尊
靈寶派	閣皂山閣皂派	東晉末年	元始天尊、太上道君、太上老君

《真靈位業圖》中的三清

《真靈位業圖》的前四位階，依序分別是：第一位以玉清元始天尊為中位，共二十九名，為開天狀態。第二位以上清太上道君為中位，共一百零四名，為萬道之主。第三位元乙太極金闕帝君為中位，共八十四名，下教太平主；第四位元乙太清太上老君為中位，共一百七十四名，為太清道主下臨萬民。所以在南北朝時，已出現三清的稱謂和神明，但順序、結構和現今的略有不同，當時「三清」也還不是一個組合。

佛、東方藥師佛、西方阿彌陀佛，而道觀則是建設三清殿祭祀三清道祖，三清道祖的地位就類似佛教的三聖佛。

奪回主場優勢的太上老君

元始天王一氣化三清，三清中以元始天尊為首，所以有一說，元始天尊就是元始天王，亦有說三清道祖雖都是元始天王所化，但以元始天尊為嫡傳，所以後來的玉皇上帝等，也是元始天尊所化。因此，玉皇上帝是形下界、宇宙、天、太極的第一位尊神，但就整個道統，包含形上界、無極界而言，第一位尊神是原始天王或元始天尊，而元始天尊是「道」的象徵。

元始天尊是開天狀態「道」的象徵，並未傳道，靈寶天尊將道轉為人間能理解的道法，所以是「萬道之主」，也是「經」的象徵。

道德天尊就是老子，是三清中唯一史料記載過的聖賢，所以說祂「下臨萬民」，不過，祂的真實身分史料還是無法確認，傳說祂在母胎裡待了八十一年，出生時鬍子和眉毛都白了，因此稱做老子，並且因為生在李樹下，所以姓李，增添很多神祕氣息。

《史記．老子傳》記載，孔子曾跟老子請教過「禮」的問題，不過，禮並非老子的專長，後來老子在函谷關要出中土雲遊四海時，被守關長官請求寫下《道德經》，之後便倒騎青牛不知所蹤。到了東晉的《老子化胡經》，說老子西出後，到天竺（印度）收釋迦摩尼為徒創立佛教；宋元時代，流傳有《太上老君八十一化圖》。

老子的《道德經》是道家、道教共同最早與最高的經典，也是這兩家的共同始祖，《道德經》也是漢族正統學術經典之一，**若以入世授法而言，道德天尊數第一，所以是「師」的象徵**。漢末時佛教已經形成有完整體系的大乘佛教，並開始傳入中土，此時道教還在形成階段，所以佛教逐步蓬勃發展，到了唐朝，佛教已經在官方與民間建立起雄厚的信仰勢力（這也是造成佛教「三武之禍」的原因之一），但因為唐朝是李氏天下，老子也姓李，自然不能怠慢自家祖先，除了唐玄宗敕封老子「大聖祖高上大廣道金闕玄元天皇大帝」

宋朝晁補之的老子騎牛圖。

❖ 釋迦牟尼是老子徒弟？

《老子化胡經》說，老子出關後到天竺（印度）收釋迦摩尼為徒創立佛教，這個說法引起佛教徒不滿，元朝時就在皇帝面前進行三次「佛道之辯」，因為沒有史實根據，結果被皇帝宣布道教敗北。後有人以三次「佛道之辯」道教皆輸，來證明佛教優於道教，這是不對的，因為三次辯論的都非教義教理，而是集中在誰是華夏學術傳承，以及誰先誰後的問題，因此《老子化胡經》反而成為焦點。不過，後來一貫道仍持續這個觀點，將梁朝時達摩祖師把禪宗引進中土，稱為「老水回潮、珠還合浦」，說是將道脈東引還歸中土。

外，也大力倡揚道教，再加上魏晉南北朝時經一群學術道士的整理，道教理論已經形成，所以道教才在此時奪回主場優勢，而能與佛教分庭抗禮，因此老子不只是道教的教主，也是道教發展起來的重要原因。

道教總廟——三清道祖的祭祀與廟宇

三清道祖居於無極界，原本無形無相，但因人們崇拜的需要，所以將祂神格化，**三清道祖不戴帝冠或法冠，以示無極逍遙；著道袍（非龍袍），以示道統的象徵**。元始天尊兩隻手盤做打坐狀，但兩根拇指舉起兜成一個虛圓（或左手打坐，右手舉起五根手指握成虛圓狀），或手持圓珠，都是象徵無極真圓；靈寶天尊手持如意，如意是兩頭雲狀、中間細部相連的寶器，象徵真圓開始陰陽分離；道德天尊手持陰陽寶扇，寶扇上有日月或太極，或扇分左右兩片，象徵陰陽已經分立。

因為三清道祖居無極界，除了道門中人，一般民間居家並不祭拜，也沒有像天公爐一樣的三清爐，不過廟宇辦任何建醮、法會時，一定會在最中間、最高的位置擺出三清道祖聖像或牌位，稱為三清壇，象徵整個道教道統。目前除了道德天尊老子有獨立祭祀外，多見三尊合體，元始天尊居中央，靈寶天尊居龍邊，道德天尊居虎邊，但有一些尊崇老子、《道德經》的廟宇，或非道教的鸞門宮廟，會將老子置於中央，如臺中市明德宮德三清殿。

三清道祖不是朝廷與地方政府祭祀的神明，又因位居無極，民間極少祭拜，多在道觀內建殿供奉，所以臺灣民間見到的三清廟並不多，因為三清道祖是萬神之首，所以具規模的三清廟便會加上「道教總廟」之名，向所在縣市政府登記，但多是民國六十年後才興建。臺灣目前登記為道教總廟的有三間，其中主祀三清道祖的有兩間。

宜蘭冬山道教總廟三清宮，不但建於世外桃源的梅花湖山麓，並採漢族古典式藝術建築，清靜脫俗卻又富麗巍峨，不但是人間仙境，也是修性之處。三清宮自立宮以來，提倡「信仰正信化」依三清道祖指示，不燒紙錢，供品以清香、鮮花、素果為主，轉以倡辦社會教化、推動公益慈善、淨化信眾心靈為宗旨，是現代道教的典範。

臺中外埔臺灣道教總廟無極三清總道院，外觀是依故宮紫禁城型式建造，同時也設有佛教的中原紫雲禪寺，採佛、道雙修，區內並設有農村懷舊之旅，殿中有一獨角牛，相傳是老子西出關山的座騎，不過在此變成招財獸，是一座觀光型的廟宇。

南投草屯太清宮（老君廟）主祀太上老君和太白真人，原是草屯李姓宗祠，後改建成臺灣少數專祀老子的廟宇。

三清道祖的祭拜

祭拜三清道祖有三個日子：冬至一陽復始元始天尊誕辰、夏至一陰復始靈寶天尊誕辰，以此來象徵宇宙的運行，農曆二月十五日為道德天尊誕辰，是史料上老子的生日。三清為道統象徵，有好生之德，所以不拜葷食，用鮮花、素果、清茶、菜齋即可，從「四供養」到「十供養」不拘，水果避免李子，以避老子姓李之諱。

道教祭拜素食的供品禮儀

供品禮儀源自佛教，後為道教齋祭時所採用。一般的日常禮儀均採「四供養」：香、花、水、燭，香代表「無為」，花代表「自然」，水代表「清靜」，燭代表「順化」。所以，四供養可以達到「清靜無為，自然順化」的道教基本教義象徵。其餘皆同佛教，見「觀音菩薩」章。

現代新三清精神

漢族文化是世界歷史最悠久的文化之一，它是由儒釋道三教融合而成的一脈道統，其中道教的道統象徵便是三清道祖，而「清」代表的便是清靜與無為。

道教以往給人重視符籙、法術、煉丹、修仙的印象，但隨著時代進步，它也產生變革，前中華道教總會理事長張檉說道教基本教義為：「遵天法祖、利物濟世、清靜無為，自然順化，而臻天人合一。」便把現代三清精神重新詮釋清楚，摒除法術與迷信，行為上尊敬道統、濟世救度，心理上清靜無為，隨順自然，如此修性、修心便能天人合一，而與三清性靈交流！

三官大帝

——走入庶民生活的三界公

庶民最愛的三界公

三官大帝，或稱三元大帝，俗稱三界公，與我們的節日、生活息息相關，從小喜愛的**元宵節（上元節）之夜，是天官大帝誕辰，中元節普度是地官大帝誕辰，而秋收後感恩天地的謝平安日，就在水官大帝誕辰的下元節，這三個節日統稱「三元節」**。以前閩南人會在屋內神明廳上吊天公香爐，而客家人會在天井或屋外吊三界公爐每早祭拜，可見三界公已經徹底走入庶民的生活中。

開太極分陰陽後，天地初成，所以有三官分別管理天府、陸地（「地」指陸地，而非陰曹地府）、水域三個範疇，及之後陸續產生的生靈，因此三官屬於太極神，也是自然崇拜的演化。

另外，傳說三官大帝為三清道祖所化（一說為元始天尊，所以三官又稱為三元），後又化為堯舜禹三位聖人來世間度行教化，堯帝制定天文曆法，是天官；舜帝拓荒墾地，是地官；禹帝治水有功，是水官。

與老子同為道教開教神明

周《儀禮》記載，周朝時朝廷即有祭祀天、山、川、地的禮儀；《三國志．張魯傳》提到，東漢末年張魯的太平道和張陵的天師道，吸收了民間三官信仰，在施展符籙之術時，都是以「上三官手書」的方式為人消災；《魏書．釋老志》更詳細說明了張陵天師三官信仰的系統與做法。所以，三官大帝不但是正史出現很早的自然神，同時也是道教裡和老子一起出現的最古早神明，老子主道、三官主術，一同展開道教的宗教歷史文化，三官大帝這麼顯赫的出身，難怪佔了漢族三個重要的節日。

三官大帝簡表

		天官大帝	地官大帝	水官大帝
官名全銜	階級	上元一品九炁	中元二品七炁	下元三品五炁
	功能	賜福天官	赦罪地官	解厄水官
	帝稱	曜靈元陽大帝 紫微帝君	洞靈清虛大帝 清虛帝君	金靈洞陰大帝 暘穀帝君
化現三清		元始天尊	靈寶天尊	道德天尊
化生聖人		堯	舜	禹
管轄		天府	大地及山岳	江河湖海等諸水域
執掌		神仙與眾生考核	人類善惡之考察	死魂鬼靈之考察
誕辰（農曆）		元月十五日	七月十五日	十月十五日
相關節目		元宵節	中元普度	下元節

❖上三官手書

讓病人於靜室中思過，執事人員將病人姓名、過錯、懺悔等成文三篇，一篇置於山上，告知天官；一篇埋於土中，告知地官；一篇沉入水中，告知水官。

北魏《鑫梅集》說，天氣主生，地氣主成，水氣主化，用於三界，三元歸宮，即成三官。這段話除了解釋「三官」一辭的由來外，也說明「三界公」稱呼「三界」的由來，以及「三元」是指天地水三氣。現在也認為，北魏時，即開始以三官配為三元節。

三官大帝又分稱上元、中元、下元，合稱「三元」，南北朝《真靈位業圖》中，最高位階是「玉清三元宮」，三元宮並分上元宮、中元宮、下元宮。「元」是太極的意思，所以這裡所指的是太極由上至下的三個層次，而同時代的《太上洞玄靈寶業報因緣經》裡，就明確說出了今日三官大帝大部分的名號、聖誕與功能等。

唐朝時，三官聖誕月份的十三至十五日稱為「三元齋日」，皇帝敕令天下禁止宰殺漁獵及審斷刑事案件；相傳，一九八二年在河南嵩山頂上發現一道武則天向「三官九府」（三官下設九府、一百二十曹、三百六十應感天尊）祈求賜福赦罪解厄的金簡。可見在唐朝時，三官大帝的信仰就已經中央化，且深入民間，後來歷經各朝而不衰，至今百姓也將祂們當成是玉皇上帝的宰相。

人間嘉年華會——元宵節與天官聖誕

由於正月十五延續正月初一春節，是開春第一個月圓之日，日期本身即饒富吉慶與意義，自然形成熱鬧夜景，《漢書》就記載，負責京城治安的長官執金吾（官名）在正月十五夜奉令鬆管，稱為「放夜」。漢文帝因為母親出身卑微，所以成為歷史上公認最勤儉愛民的好皇帝，他開始下令，這晚王公大臣可以便裝輕從出來與民同樂，而他自己也微服出遊，做到親民愛民舉國歡騰，因為這是元月十五之夜，所以稱為元宵節，也是成為法定節日的開始。

另外，《史記．樂書》記載，漢朝廷在正月十五這天，從黃昏一直到黎明都在祭祀太一神。漢武帝為了修仙，聽從方士之言立祠祭祀太一神，取代昊天上帝的帝位，這是元月十五祭祀天神的開始。「太一」原本是太極、道的同義詞，所以神格化為宇宙主宰之神，到了漢朝被神格化為北極星。但以太一神取代昊天上帝於古禮不合，所以後代將太一神從祭祀中去除，而正月十五這天，因為是天官大帝誕辰，大約在隋初即演變成元宵節祭拜天官大帝，也在此時稱為上元節。由於元宵節實在太熱鬧了，所以假日一直延長，到明代，自初八至十七，官員放假十天，舉辦各種慶祝活動，堪稱漢族的嘉年華會。

天官大帝為三官中最重要的神明，所以信仰也最多，一說**天官大帝為北極星神格化的紫微大帝所化，所以祂的官名全銜最後一個聖號是「紫微大帝」**；另外，祂的官銜中有「賜福天官」，其職責之一便是賜福，所以民間有「天官賜福」之說，因而一說福祿壽三仙中的福星，便是天官所化。

正月十五日除了是道教和民間的節日，也是佛教的大日子，元宵節懸花燈、提花燈的習俗，相傳就是由漢明帝崇尚佛教而來，漢明帝除了在洛陽興建中土第一座佛寺白馬寺外，也因為佛教經典記載，正月十五日佛陀舍利的神力會使大地震動放光，花如雨下，天空飄樂，為眾生證信，此時僧俗雲集觀禮參拜，所以漢明帝下令這晚在宮廷和寺院點燈供佛，唐

民間有「天官賜福」之說，因而一說福祿壽三仙中的福星，便是天官所化。

朝玄奘的《大唐西域記》記載，古印度摩揭陀國確實有這項習俗。後來元宵節以花燈為主的各種慶典活動，便熱鬧不絕的展開兩三千年。

元宵節猜燈謎的由來，據宋末《武林舊事》記載，文人喜歡在燈籠上題詩，百姓則喜歡寫一些歇後語、諢語暗戲他人，之後就演變成燈謎。至於吃飽滿渾圓的元宵，則是象徵團圓與圓滿，元宵並非湯圓，而是將一個甜餡放在盛滿糯米粉的籮筐中不斷搖動，使其越滾越大的甜點，三官大帝是素食，所以祭祀的元宵應該為素。

臺灣平溪放天燈是元宵節最熱鬧慶典之一，萬點天燈冉冉上升，一時夜空璀璨，星月失色，非常浩瀚壯觀，人們相信將願望寫在天燈上飄向天空，老天爺便會收到，元宵節是天官大帝誕辰，梁元帝《旨要》：上元為天官賜福之辰，所以天燈所祈禱的其實是請求「天官賜福」了。

而在元宵節時「偷挽蔥，嫁好尪」，則是臺灣特有的習俗，因為臺語「蔥」與「尪」音類似，在這春花開、春月柔的浪漫夜晚，自然容易勾起思春情懷，所以便有了這個習俗，至於偷摘之說，是因為少女情懷羞人知，只好偷偷摸摸去摘取，現代社會開放了，去參加元宵聯誼，遇到準好尪的機率應該還高些。

鬼界嘉年華會——中元普度與地官誕辰

漢族現在將七月十五訂為中元普度，普度地獄來的好兄弟，但如果考諸佛教與道教的歷史與典籍，卻根本都沒有所謂七月鬼門開的說法！

漢族農曆七月「鬼門開」，源於佛教的盂蘭盆節，「盂蘭盆」是「倒懸」之意，意為地獄眾生如

❖結夏安居

印度夏季雨季太長不適合活動，所以僧侶便集結在一起修行、持戒，稱為結夏安居，是佛教的重要制度。《大唐西域記》記載，印度結夏安居日為五月十六日至八月十五日，或六月十六日至九月十五日。漢傳佛教因氣候條件不同，訂為農曆四月十五至七月十五。

被倒吊著一般，苦不堪言。據西晉譯出的《佛說盂蘭盆經》記載，佛陀十大弟子中神通第一的目犍連，用天眼通看到母親在地獄受苦，想救母親出離地獄，佛陀便教祂在結夏安居結束的七月十五日，供養佛法僧，此時功德最大，然後將福德迴向給母親，便可讓她得救。

目犍連聽從佛陀指示辦理供養法會，果然不只母親從地獄得到度脫，連與母親同在地獄受苦的眾生也一併得救。從此，佛教就在本日舉辦大型供養法會，為現世與過去父母增添功德與福壽，所以佛教稱七月為「孝親月」。

這個習俗流傳到漢族後，民間便將它戲劇化，還流傳一齣《目連救母》的戲碼，說目連為了救母親，大破地獄，鬼魂都跑出來，而這也就是漢族認為七月是鬼門開的日子，以及應該普度的由來。但這是民間說法，正統道教記載的卻不是如此，**農曆七月十五為道教「中元節」，是地官大帝誕辰，地官主赦罪，所以這天要舉辦法會來懺悔，請求老天爺赦免罪罰**。因此，農曆七月十五「中元普度」，是漢族固有中元節結合「目連度母」傳奇的結果。不過，中元普度象徵漢人德及地獄眾生的好生之德，也是美事一樁。

臺灣基隆老大公廟原本是個歷史悠久的公墓，因為葬了很多先人移民，所以稱為「老大公墓」，後遷移至現址並蓋了廟，自一八五六年起，每年農曆七月一日子時一到，便舉辦「開鬼門」儀式，之後便是長達一個月的基隆中元祭，到了七月最後一天，再把眾鬼請回去然後關鬼門。

感恩節嘉年華會——謝平安與水官誕辰

中土到了秋收之後正是農閒之時，許多民俗活動，如謝天、求懺、酬神、建醮等才正要熱鬧展開呢！**十月十五日是水官誕辰，地官解厄，所以舉辦法會對近一年來所作所為做個反省**，如果有做錯，便祈求獲得原諒，以迎接新的一年，同時也感謝今年的收成良好，一切平安，所以這天是漢族的感恩節——謝平安日（有的習俗則以十月三日為謝平安日，舉辦祭祀天公慶典）。因為這時正值農收之時，所以依地方習俗不同，會將新鮮糯米做成糍粑（麻糬）或素菜粿加以祭拜。

此外，**這天也是「補運日」**，**因為解厄無災一身輕後，要補充新的能量，從今起七天，都可以拜水官大帝求得補運。補運一年有兩次，另一次是農曆六月七日（有的習俗為六月六日）**，據《宋史》記載，篤信玉帝的宋真宗這天接到天帝降下的天書，所以稱為「天貺（賜）節」加以祭祀，到了清《安平縣雜記》，就稱今天為「開天門」，祈求上帝賜福最為有效。

三官大帝的祭祀

清朝時臺灣屬福建管轄，加上漳浦縣赤嶺佘族鄉出了一位名將「破肚將軍」藍理，在政府推崇下，此地的雨霽頂三官大帝廟遂成為臺灣三官大帝祖廟。該廟建於明宣德年間（一四三〇年），至今保存有明清石碑八塊，相傳這裡是覆鼎金穴，不能蓋廟，不然必遭火噬，果然屢試不爽，後來神明指示，只需用石頭砌成一個神壇和涼亭，雖然「家徒四壁」，神壇大小不及二平方米，但依傳統流傳至今，稱為三界公原始香爐。施琅攻澎湖時，藍理與弟共四人作戰異常英勇，藍理腹破腸流仍血戰不撓，最後官至二品總兵，掛將軍印，藍理光宗耀祖返鄉後，重修新三官大帝廟。

三官大帝與三清道祖一樣，因為神階太高，一般家中沒有祭祀，而且因為屬於官祭，所以民間三官大帝廟不多，在臺灣則多集中在客家地區，並有取代三山國王的趨勢，因為三官大帝神階高，且不若三山國王有征戰性，所以有助和緩漢蕃間的緊張關係。

新北市安坑潤濟宮是該區第一大廟，主祀三官大帝，早在漢人來臺開墾之初，便因為與原住民時常發生衝突，遂立廟祭祀保佑黎民，是歷史悠久的信仰中心，也是三官大帝廟的代表廟宇。

三官大帝的祭拜

三官大帝是太極神，有好生之德，信仰三官的人都要食素，稱為「三官素」，祭拜三官也以素齋為主，見「觀音菩薩」一章。

要注意的是，下元補運祭拜時要用麵線、米糕（上有一顆未剝殼龍眼乾，或米糕加未剝殼龍眼乾），拜好之後將龍眼乾的殼打碎，肉食用，象徵破殼重生。

新北市鶯歌三湖宮也是同樣有兩百多年歷史的三官大帝廟，而且還與該區的煤礦業文化發展結合，饒富地方民風俗趣。

臺中市紫微宮祭祀三官大帝，廟聯寫道：「紫氣長沖道千秋，微風永被仙風修；宮中仙者堯帝君，金光靈境道中酋。」聯中藏頭「紫微」二字，所以此宮的天官大帝是紫微大帝，聯中並指出「堯帝君」，可見此宮的三官分別是堯舜禹三位聖帝。

臺南市開基三官廟建於清乾隆年間，由臺灣知府蔣元樞官邸改建，現在廟內還供奉《桃花女鬥周公》劇中兩位男女主角及歡喜神，祈求男女敦倫之事與夫妻關係和諧，實屬少見。

被嚴重遺忘的民俗文化

三官大帝與我們關係密切，一年還過了與祂們相關的三個熱鬧節日，可是至今很多人卻不認識祂們，可見民俗文化在現代被遺忘的嚴重程度。

現代人不僅要知道星座、希臘神話，連自己的守護神也必須認得才是，不然元宵就白過、中元就白度、謝天就白謝了！

王母娘娘

——化育萬物的母娘

三位先天母性女神

根據五代陳摶《太極圖》：無極生太極，太極生陰陽，陰陽生五行，五行生萬物。太極的神格化是玉皇上帝，先天陽氣的神格化是東華帝君，先天陰氣的神格化便是西王母，也稱王母娘娘、瑤池金母，臺灣人暱稱為母娘。

雖然根據宋周敦頤《太極圖說》的說法，宇宙是先生陽後生陰，但民間相信萬物為母性所孕育，所以萬物以陰為始（現代生物學與醫學亦支持這個觀點），因此，王母娘娘便變成一個龐大的信仰，甚至有凌駕天帝的趨勢。

王母娘娘是先天陰氣的象徵，宇宙第一位女性神明，經常被人與性質類似的女媧還有九天玄女混淆，但事實上並不同。

女媧是先天女神，亦即宇宙生成後不久便誕生的女神，祂為人頭蛇身，相傳摶土造人，也制訂了人類的婚嫁倫理，並且又煉石補天，穩定大地的四個角，消彌了洪水；另有一說，祂是伏羲的妹妹；所以祂是人類和婚嫁的始祖。

九天玄女也歸類為先天女神，為人頭鳥身造型，較多的史書記載祂後來成為商朝的始祖；一說九天玄女授予黃帝符籙、兵書、印鑑、寶劍等，協助打敗蚩尤，使華夏成為鞏固的部落聯盟，是兵法和正義之神。

所以，三位遠古女神代表漢族對宇宙生成時的母性崇拜，以及文明發生前，人類母系社會的母性依賴——**王母娘娘象徵宇宙先天陰氣的化育能力；女媧造人、安定天地象徵人類之母與保護；九天玄女則象徵民族的生成與守衛**。

❖陰陽與五行的神格化

陰陽生五行，五行配以五方、五色等，起初稱呼為五老，後來提升為老君或帝君，今人則簡化為五鬥星君。

五行	五方	五色	五老	五帝
金	西（陰）	白	金母老	西方七寶金門皓靈皇老君
水	北	黑	水精老	北方洞陰朔單鬱絕五靈玄老君
土	中	黃	元黃老	中央玉寶元靈元老君
火	南	紅	赤精老	南方梵寶昌陽丹靈真老君
木	東（陽）	青	木公老	東方安寶華林青靈始老君

從人獸、仙子到太后

雖然瑤池金母現在被視為先天陰氣與化育萬物的象徵，但一開始太極道統還未那麼明確前，祂的形象並不是如此。在殷商的卜辭中，就出現了東王母和西王母，分別為日月之神，並有「燎祭西王母」的記載，「燎祭」是祭天等級的祭祀，可見西王母位同上帝，不過這應該是一種自然崇拜，非專指瑤池金母而言，猶如商周一開始祭天，是祭自然的蒼天與神格化的上帝，而非玉皇上帝一樣。

西周的《山海經》將西王母神話了，將祂描繪成人頭、豹尾、虎齒、喜歡嚎嘯、多產多哺的模樣，先天女神大都有這種人獸合體的特徵（如女媧和九天玄女），顯現先民認為動物為人類祖先的觀點。

西王母居住的玉山（即青海崑崙山）北方，是眾神的居所，由西王母統領，掌管天上的瘴癘與殘敗，可以降災人間，所以是將祂視為上天對人類的刑罰。西王母是眾神的統領，在玉皇上帝尚未出現前，西王母是眾神主宰，《山海經》在這裡說明了祂至高的地位。不過有一些學者認為，《山海經》記載的是對妖神的描述，是先秦時代巫術的圖騰和信仰，或是將西戎的蠻夷視為未開化民族的形象轉換，而西王母的部落或許還真的存在過。

《山海經》中所描繪的西王母畫像。

戰國時代的神話典籍《穆天子傳》記載西王母的特質，就與《山海經》大逕其趣，同樣是人頭獸

❖崑崙山

崑崙山，又稱崑崙虛，有虛幻玄空之意，在漢族裡有「萬山之祖」、「萬神之鄉」的稱號，在古代也被認為是世界的邊緣。西王母在此居住並統領眾仙，有其為萬神領袖的意涵。

身，卻是天帝的女兒（所以是住在凡間的神仙，而非部落領袖），周穆王周遊列國時，朝見並送禮給崑崙山的西王母，西王母很客氣的收下，招待周穆王在「瑤池」飲酒，還吹笙唱歌為天子與百姓祝禱。現在對西王母的瑤池聖號、形下界第一位女神（天帝之女）的特質，大多是從《穆天子傳》而來。

到了漢初，神仙形象大多被人形化，西王母也不再是人頭獸身。《淮南子．覽具篇》記載了后羿向西王母請求到長生不老藥，結果被嫦娥偷食而奔月的故事。西漢末年，道教還沒正式產生，佛教也尚未傳入，此時據《漢書．哀帝紀》的描述，西王母已經普遍成為民間信仰，為救苦救難的化身，連漢哀帝也以歌舞祭祀西王母。

約於晉朝成書的《漢武帝內傳》，則明確的將西王母描述成高貴華麗、文武雙全，女道士梳妝，約三十歲的絕世女神，並對漢武帝有些許的愛慕情愫，以彰顯漢武帝的偉大。

現在，道教常見的形象則是手持龍頭杖與蟠桃的太后，以符合祂為遠古第一尊女神的形象。

在宗教上，道教結合太極道統的概念重新詮釋西王母，晉《枕中書》記載，天地渾沌時，盤古真人自號元始天王，與太元聖母通氣結精，生東王公與西王母，正式定位兩仙尊為宇宙先天陽氣與先天陰氣，後尊稱西王母為「上聖白玉龜臺九靈太真無極聖母瑤池大聖西王金母無上清靈元君統御群仙大天尊」。

後來的道書記錄，東王公就住在東方的蓬萊、瀛洲、方壺，西王母則住在崑崙、閬圃。

因為女性孕育萬物，所以西王母自然被視為擁有重生與永生的能力，諸多有關西王母的故事都與祂手上象徵長壽的蟠桃有關，而祂曾為眾神領袖的地位，則在父權社會裡逐漸被遺忘，變成賜福、賜壽、賜子、消災、解難的慈母功能，一直到了明朝，祂的信仰才又開始復甦。

好多母娘的母娘信仰

明朝道學發達成為主流，也促使民間三教合一的宗教改革，尤其是鸞門的興起，鸞門是「因神設教」，所以最高神明在各教派間紛紛出頭，其中，先天陰氣化育宇宙萬物的瑤池金母概念，便提升、變型為各種最高神明，如：無生老母（明明上帝）、無極地母（非道教中的后土皇地祇），甚至還依五行理論建構出的「五聖母」：東王無極聖母、南王地母至尊、中王無極老母、西王瑤池金母、北王無生老母等，信徒暱稱為母娘，其中又以無生老母信仰最廣，在臺灣的代表便是一貫道。

母娘信仰從明朝開始蓬勃發展，到了清朝更結合農民愛國運動對抗列強欺凌，成為清廷對付洋人的工具，不過因為太過迷信法術、以暴制暴，以及背負朝廷的政治黑鍋，所以評價兩極。

在臺灣除了無生老母等鸞門母娘信仰外，也有一個信奉瑤池金母，並成為臺灣龐大信仰，後來納為道教正式門派的瑤池派。**瑤池派發源於花蓮有神靈降乩及行巫覡之術的勝化堂，後來發展為二：慈惠總堂與勝安宮，它們都被認為是臺灣瑤池金母的祖廟**。兩宮廟雖是信奉瑤池金母，但也受到鸞門母娘信仰的影響，現今日常修行與儀式已鸞門化，並將原本鸞門母娘要「收圓」（即於世界末日時，將全部人類以教化的方式收回天庭）以及鼓勵靈子共赴「龍華三會」（為收圓所舉辦的三次說法大會）的任務，列為瑤池金母親自下凡的原因，所以造成更多人將無生老母與瑤池金母搞混。

臺灣瑤池金母信仰以**花蓮慈惠總堂**為首，也是修靈的重要堂口與會合處，其分堂及再分堂已遍及海內外；另外，**臺北松山慈惠堂**也信奉瑤池金母，但不是花蓮慈惠總堂的分火，相傳是由瑤池金母親自起乩下詔建廟，現已鸞門化，也是一個龐大的信仰系統，名列臺北市十大廟宇之一。不同於道教的瑤池金母太后造型，慈惠堂的瑤池金母是《漢武帝內傳》中高貴華麗、約三十歲的女神造型。

鸞門母娘由道教天生陰氣的西王母提升而來，並賦予最高神位，及收復原人的聖職，後道教瑤池派興起，又將母娘地位與聖職吸納過來，說明臺灣宗教信仰自由、宗教教義之間相互吸納的泛神思想。母娘信仰興起後，民間也見到將驪山老母、九天玄女、無極地母等當成母娘的道壇，甚至連瑤池金母、王母娘娘、西王母是同一尊都搞不清楚，而分別塑像同祭。

王母傳奇——上帝夫人和蟠桃

宇宙第一尊神是玉皇上帝，第一尊女神是西王母，所以傳奇便亂點鴛鴦譜，說兩人是夫妻，十個太陽是祂們的兒子，二十四仙女（含七仙女）是祂們的女兒，而民間普遍也這麼誤解，《封神演義》則說瑤池金母是昊天上帝的夫人，祂們的女兒是龍吉公主，住在昆崙山，是掌管水的女神。

❖龍華三會

「龍華三會」出自佛教《彌勒三經》，據經載，彌勒菩薩於二千五百餘年前生天，將在五十六億萬年後降世成佛，那時地球是個大同世界，彌勒成佛後要以三次說法大會開悟全人類，並以此救度他們離開末世。這個說法後為母娘信仰吸收，說母娘是最高信仰中心，現在由「彌勒祖師」掌天盤（最主要的佛祖）、濟公活佛掌道盤（凡界的導師），將來彌勒祖師會奉無生老母之命舉辦龍華三會，藉以鼓勵信徒靈修。

其實，天生神都是化生的，不是有性生殖，不過這也代表了人世間將母性家長相夫教子與維護家庭倫理的神格化。

古時醫藥不發達，求壽便成為重要信仰目的之一，一開始的求壽之神便是殷商就出現的西王母，《山海經》記載西王母居住的崑崙山有不死樹、不死草、不死民、不死國等，所以后羿才會向西王母請求長生靈藥。至於現在象徵服之可以長生不老的蟠桃，也是出自《山海經》，蟠桃是學名，仙桃是俗稱，但當時仙桃並非西王母的屬物。桃子生長於春季，繁殖力強，所以是陽氣能量的象徵，道教用桃板或桃花劍來驅邪，而桃子不但美觀飽滿、色澤紅潤，而且營養可口，便成了吉祥長壽的象徵，《漢武帝內傳》敘述，西王母降臨與漢武帝見面時，便是送他四顆仙桃做為見面禮。明朝的《西遊記》和《幼學瓊林》都記載，西王母的蟠桃，三千年開花，三千年結子，是延壽、祝壽之物，蟠桃便成為西王母的屬物，後來許多故事、戲劇便出現了西王母蟠桃會的段子。明朝以後，福祿壽三仙的組合出現，其中的壽仙（南極仙翁）也是拿仙桃做為「壽」的象徵。

把西王母限制定在求壽，當然弱化了這位宇宙第一位女神的能力，所以明朝時的母娘信仰，才會再重新賦於她最高的地位，與救度眾生的神責。

王母娘娘的廟宇與祭祀

中國現今的王母娘娘祖廟認定為新疆天山天池的王母祖廟（俗稱娘娘廟），天山在崑崙山北方，天池古稱瑤池，是著名的高山湖泊，符合西王母居住於崑崙虛北瑤池的說法，天池也被認為是西王母宴請周穆王，以及辦理蟠桃宴會的地方，相傳還留有王母遺墨、王母靈泉、居仙故洞等遺跡。

王母祖廟原名達摩庵，興建於南宋，一九二三年重建後不出二十年隨即被毀，一九九九年，在臺灣慈惠堂系統協助下，重建為瑤池宮，今臺灣王母廟將其視為朝聖謁祖之地。

花蓮市勝安宮和慈惠堂是臺灣瑤池金母的共同祖廟，兩者系出同門，比鄰而居，但結構卻大有不同。天上王母娘娘本宮花蓮勝安宮，屬於宮殿式建築，道教廟宇色彩並不明顯，主神稱為天上王母娘娘，陪祀二郎神楊戩和齊天大聖孫悟空，是原始建廟時即供奉的神明組合，在《寶蓮燈》裡，王母娘娘是楊戩的舅媽，《西遊記》裡孫悟空曾偷吃了王母娘娘的蟠桃並大鬧蟠桃會，因此因緣，成了配祀護法。其他祭祀的還有相傳是王母女兒的七仙女、徒弟九天玄女、先天陽氣東王公、同為母娘的地母至尊，以及法力高強、可以斬妖除魔的順天聖母（臨水夫人）陳靖姑等；此外，還有大悲樓祭祀佛教神明、文昌祠祭祀文昌帝君，是三教合一的典型。

聖地慈惠堂總堂，號稱中華道教無極瑤池金母發祥地，是道教式建築廟宇，但以鸞門儀式行誼，主神稱為瑤池金母，陪祀為二郎神楊戩與臨水夫人陳靖姑，另外較罕見的神明有金星神格化的太白星

❖ 瑤池在哪裡？

《山海經校注》：西王母雖以崑崙為宮，當然自有離宮別窟。現在傳說的瑤池共有五處：青海的「青海湖」是最大的瑤池、「褡褳湖」是最古老的瑤池、「孟達天池」是最美麗神妙的瑤池、「黑海」是海拔最高的瑤池；而新疆的「天山天池」則是舉辦蟠桃會的瑤池。

君、王府天君（豁落靈官，道教護法三十六天君之首）、太乙天尊（東皇太一、東極青華大帝）。慈惠堂總堂的香爐頗有俗趣，天公爐的爐耳是兩位童子，象徵王母也可保佑生兒育女之事；而主爐的爐耳是兩位捧著仙桃的仙女，傳奇說瑤池金母的貼身侍女名叫小玉和董雙成，白居易〈長恨歌〉裡說，楊貴妃被賜死後，魂魄疑似到了西王母那兒，所以有「金闕西廂叩玉扃，轉教小玉報雙成」的詩句。

王母娘娘的祭拜

農曆三月三日是王母娘娘的聖誕，天帝級的神明因為化育萬物，都是慈悲不殺生，再加上臺灣瑤池金母信仰已經鸞門化，所以祭祀時用素齋，見「觀音菩薩」章。

三教合一，普度收圓

臺灣的瑤池金母信仰雖屬道教，但已經鸞門化，同時也在執行鸞門母娘普度收圓的任務，是民間信仰打破宗教藩籬做到三教合一，並從武乩進化為鸞生的宗教改革，他們不談高深教義，以儒家的倫理之學為主要依據，強調修行、修心、修性，才短短六十年，瑤池金母信仰便已遍及海內外，顯現現代人需要清靜信仰的時代意義。

盤古、伏羲、神農

——漢民族的始祖先皇

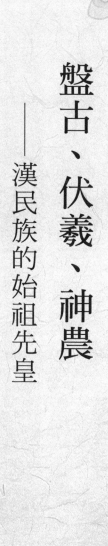

有三位神明造型打扮幾乎一致：頭上長有角一樣的兩顆肉髻（一說象徵頭角崢嶸）、上身披著草簑、下身圍著獸皮、腰間纏著樹葉、打著赤腳，象徵史前時代文明尚未展開的模樣，祂們便是盤古、伏羲、神農，最大的分辨之處，在於祂們分別手持斧頭、八卦和稻穗。別小看祂們，祂們可是漢族的三位始祖喔！

神來一斧，開天闢地的盤古

漢族的道教道統是無極開太極，而將無極轉為太極的是元始天王，但最早出現開天闢地傳說的是盤古，「盤」是事物的最根本，如「根盤」，盤古便是最原始古老的神明，祂是無極已經從空無轉為氣，但天地未開、陰陽未分時「渾沌」狀態的神格化。

三國《三五曆紀》記載，渾沌原本只有雞蛋這麼大，裡面的盤古用斧頭一直砍敲，想要出來，渾沌因而每日增高、增厚一丈，盤古也同等增大，一萬八千年後，盤古奮力一劈，終於把渾沌敲破，這時祂的頭往上飛揚成為氣體和天空，身體往下沉澱成為大地和萬物，天地終於形成，我們這個宇宙就是盤古的身體所化生的。同時期的《洞記》也有盤古一日九變的記載，因為九為至高之數，所以天地相距九萬里。

盤古開天後才有女媧造人、三皇五帝（見下節）……所以盤古是漢魂始祖。

《三才圖會》中的盤古像。

這個故事聽起來好像是神話，但一點也不喔！現代物理學便認為，宇宙的誕生便是因為有一個很小的「奇異點」大爆炸所產生，接著宇宙便不斷膨脹擴大到現在半徑約為四百六十億光年的球體！各位會發現，漢族許多宗教和傳奇雖然已經被神化，但它的意義和想法卻相當接近現代的科學。

後來道教吸納了盤古，晉《枕中書》便說，鴻蒙（先天之氣）未分時，便有盤古真人，自號元始天王，游乎其中，是天地之精；南北朝時，祭拜盤古的風氣便已興起。

雖然道教承認盤古等於元始天王，但因「盤古開天」故事太富盛名，所以民間是將兩者分開祭祀的，現在最具代表性的是河南泌陽縣盤古山於農曆三月初三祭拜盤古始祖，追思華夏民族的根源文化，該山便是傳說中盤古開天闢地、造化萬物的地方。此外，還有河北滄州市盤古廟、湖南耒陽市盤古廟、廣西柳州市盤古廟……

除了漢族崇拜盤古，苗族也崇拜盤古，苗人認為盤古皇是他們的始祖，重大節日與儀式都必須祭奉，否則會被認為是「不上道」，猶如漢人拜天公一樣。《後漢書》記載，「盤瓠」是一種五色神犬，音與盤古幾乎相同，瑤族、畲族、峷族認為盤瓠是他們的祖先，所謂「赤髀橫裙，盤瓠子孫」便是說，打扮和衣著奇特的南方少數民族是盤瓠的後裔，時至今日，他們仍以民族舞蹈音樂追思盤瓠。因為道教是後來才吸納盤古為元始天尊，所以有人便認為，盤古的起源應該是西南方民族的盤瓠。

新竹五指山的盤古廟號稱臺灣盤古祖廟，創立於民國初年，起初建於知名的雲光寺灶君堂（全臺唯一灶神廟）後方，現已獨立成廟，廟中還供俸民間極為罕見的天皇氏、地皇氏、女媧氏，真是史前神明大集合；此外，還配祀有梁武帝，應該也是全臺獨一無二。

五指山舊時被譽為淡水廳八景之一、全臺十二勝第七，來此尋芳探幽，並進行緬祖訪聖之旅，應該不虛此行。

八卦玄學祖師爺的伏羲

漢族的史前時代在黃帝之前，相傳還有三皇，三皇是誰說法頗多，現在最常用的是東周《尚書．大傳》記載的：燧人氏、伏羲氏、神農氏，民間還分別稱三皇為：天皇、地皇、人皇。三皇不見得是某個人，而是一個個時代演進的區分，後來被人格化為一個氏族，也被神格化為教導人民學會什麼事務的聖皇。

西漢《史記》以伏羲為三皇之首，相傳伏羲氏教民結繩成網，從游獵時期進入殖漁畜牧社會，因為畜養犧牲（祭神用的牲畜）充足庖廚，所以也稱為「庖犧」，「羲」字便是進入畜牧社會後食物充足的象徵，也因此，可以在文明上有所發展，其中最重要的便是紀事與計數，相傳伏羲便是以結繩來紀事與計數，因而也發展出了陰陽與八卦，春秋《繫辭下傳》即說，包羲（即庖羲、伏羲）仰觀天象，俯觀地法，以及鳥獸軌跡，始作八卦，可以溝通神明。

相傳到了元太祖鐵木真時，下令全國各州、縣必須修建三皇廟，其中三皇是伏羲、神農、軒轅，而以伏羲為首，從此伏羲祭祀便廣泛展開。

漢族一向相信易理與數術，而其源頭便是陰陽、八卦，及因而衍生而來的《易經》，伏羲是公認八卦的創始人，除了《繫辭下傳》的記載，《史記．太史公自序》和《漢書．藝文志》也都認定伏羲是八卦始祖，所以現在稱先天八卦為伏羲八卦，民間也稱伏羲為八卦祖師。

《三才圖會》中的伏羲像。

《易經》八卦被認為是漢族文化的瑰寶，也是文明的起源，於是伏羲便被認為是漢族文明始祖。伏羲雖是文明的起源，但因其造型還在史前時代，士子多不祭拜以求功名，但因其手持八卦牌，為玄學始祖、八卦祖師，對此有興趣的人便奉為祖師爺，一般欲求指點迷津的人，也可祭拜。

一九七六年香港邵氏電影公司發行的《乾隆皇奇遇記》一劇中，小混混太子青騙了乾隆皇的寶

❖漢族歷史承認的史前時代氏族

氏族	功能	始祖	時代
盤古氏	開天闢地	漢魂始祖	洪荒時代
女媧氏	創造人類	漢人始祖	
有巢氏	架木半穴居，開始部落聚集		舊石器時代（採食遊獵）
燧人氏	開始用火，擺脫原始文明		
伏羲氏	進入畜牧社會；結繩紀事，制定八卦，發展文明	漢文明始祖	新石器時代（畜牧和農業）
神農氏	進入農業社會，建立醫藥知識	漢醫農始祖	
軒轅氏	統一華北部落，成立華夏聯盟	漢民族始祖	

註：除盤古外，其餘皆能成為三皇之一。

衣，當了銀兩後跑去賭場，劇中賭場祭拜的便是伏羲大帝，因為漢族的賭術，不管麻將、牌九、骰子，大多是由天理數術演變而來的博奕遊戲，不過伏羲是文明始祖，當然不會保佑賭徒，難怪十賭九輸。

伏羲大帝的祭祀，目前以甘肅省天水市太昊宮為代表，俗稱伏羲廟、人宗廟，此地相傳為伏羲誕生和發展文化的發祥地，太昊不是昊天上帝的意思，而是「窮極蒼穹」之意，也就是渾沌，太昊也是伏羲的帝號。太昊宮前身相傳建於元朝，初期植有六十四棵柏樹，象徵六十四卦。當地人稱伏羲大帝為人祖爺，因為民間也有傳說，伏羲和女媧都是人頭蛇身，兩人是兄妹或夫妻，是人類共同的始祖。中國現在的廟宇在改革開放後大多重新修建，而且都造得非常浩大堂皇，太昊宮也是非常富麗雄偉，值得參觀。

新北市鶯歌碧龍宮前身建於二戰結束初期，相傳有人在山上發現一塊有八卦龜紋的石頭，因為視為靈物，便就地加以祭拜，後來因為靈旺，便興建成廟，因而又俗稱龜公廟，現在主祀八卦祖師，亦即伏羲大帝。

改建後，廟方又專程從浙江普陀山恭迎觀音佛祖、福建湄洲恭迎天上聖母的分靈來此祭祀，廟中還供俸著當年的龜公神石。碧龍宮興建在山麓重巒之間，需登步道而上，來此訪聖，也可思懷當年建廟之苦，就如文明演化的艱辛。

農醫學院創辦人的神農

農業是人類文明發達的指標，因為它比畜牧業更為安土重遷，且能提供更多糧食養活更多人，同時也會提升草藥的發達，因而使人民的生活、生命和發展受到更大的保障。

漢族神農信仰的起源甚早，春秋《繫辭下傳》便說：伏犧氏歿後，神農氏興起，教導人民斫木為耜，揉木為耒，使人民獲得很多農業民生之利，這是「神農」稱呼的起始。戰國《禮記．郊特牲》記載，周朝天子祭祀八種農作之神，稱為「八蜡」：先嗇（神農之神）、司嗇（后稷）、農（農夫之神）、郵表畷（田間小亭之神）、貓虎（山豬之神，可食田鼠）、坊（堤防之神）、水庸（溝渠之神）、昆蟲（害蟲之神），其中便是以先嗇（神農之神）為首，「嗇」是「穡」的古字，意為「稼穡」，即播種與收割，現在臺灣三重祭祀神農大帝的名刹先嗇宮，便是以此為名；另據唐《經典釋文．禮記音義之二》記載，這個祭典起源更早，夏稱清祀，商稱嘉平，周稱八蜡，秦稱八臘，可見神農祭祀可以遠推到夏朝。

《三才圖會》中的神農像。

神農大帝因為是農業之神，所以民間也俗稱五穀先帝，相傳祂除了發明耜耒農具、種植技術外，也發明了石斧木箭，可見當時的武力已經受到重視，神農氏也被視為是漢族第一個部落聯盟（第一個統一大聯盟為黃帝所建立）；另外，陶器的發明更是劃時代的大躍進，陶器可視為人類冶煉和工藝的始祖，因而是重要的里程碑！

此外，神農也建立先民農業社會的生活方式，譬如發明麻布禦寒、木琴怡情、市場交易等，因此奠定了華夏民族以農業為基礎的強大發展力。

神農除了是農業之神外，也是草藥之神，因為草、藥同源，《史記・補三皇本紀》說，神農氏嚐百草，始有醫藥。後來民間相傳，神農為了嚐遍各種草木記錄藥性，一次嚐到百足蟲蜈蚣（一說斷腸草）不幸中毒身亡，所以現在有的神農大帝是黑色塑像，象徵中毒成仁。

東漢流傳的《神農本草經》，是現存最早的中藥學著作，也是漢醫四大經典著作之一，相傳此書即起源於神農氏，代代口耳相傳，後集結整理而成。所以，神農還是漢族第一位醫神呢！

神農之尊，除了是農業始祖（農業神）、草藥始祖（醫神）外，也是漢民族始祖之一，因為漢民族自稱炎黃子孫，而神農也經常與炎帝劃上等號。《史記・五帝本紀》等書記載，炎帝是神農氏的後裔，另一說法是，神農氏的帝王稱為炎帝，因此之故，歷代以來人們常以「炎帝神農」合稱。史載，炎帝（神農氏最後一位帝王）因為與新興的軒轅氏族黃帝爭奪聯盟領導權而大戰，最後炎帝居下風，雙方以黃帝為首締結聯盟，後來黃帝又擊敗西南部落的聯盟領袖蚩尤，建立起華夏史上第一個統一部落大聯盟。

在中國，「炎帝神農」經常是並稱的，強調祂的民族始祖特質，在臺灣，神農大帝則較常以農醫始祖的特質出現。春秋《禮記》稱炎帝為厲山氏，同時期的《國語》稱炎帝為烈山氏，所以厲山氏、烈山氏都是炎帝的稱號。

今日湖北省隨州市厲山鎮烈山相傳便是炎帝的出生地，該市每年舉辦神農節，堪稱是中土最大的炎帝神農文化發揚者！湖南炎陵縣建有神農祖廟，該廟的炎帝神農金身於二〇一五年六月第一次來臺灣繞境，十天行程裡，拜訪了臺灣四十間神農廟（全臺神農廟有一百四十餘間），臺灣方面以特有的陣頭等儀式熱鬧相迎，非常虔誠隆重。

臺灣主祀神農大帝名剎頗多，其中最富盛名的便是**新北市三重先嗇宮**，二〇一五年湖南神農祖廟來臺繞境，便是由先嗇宮主辦。農曆四月二十五日先嗇宮神農大帝聖誕的祭祀被稱為「三重大拜拜」，盛況可想而知，先嗇宮還同時祭拜有伏羲聖帝、盤古大帝，應該是臺灣唯一拜足三尊先皇的廟宇，廟中並祭祀后稷正神、后土正神，也是臺灣少見循古例同時祭祀穀神和土地神的廟宇。

新北市瑞芳青雲殿，號稱是世界最大的神農廟，神農金身已有二百五十多年歷史，現恭奉於廟中，青雲殿的神農大帝相當特別，分別為：紅面五穀王、黑面藥王、青面二帝（斬妖除魔），把神農大帝分為農神、藥神、炎帝的三種神格都完整表現，另外還祀有三皇（神農、伏羲、軒轅），慎終追遠的意義相當深遠。

苗栗竹南五穀宮有一百五十六臺尺的神農大帝戶外雕像，堪稱臺灣最大的神農像，旁邊還有雷公、電母、風神、雨伯為侍神，實為罕見，是當地的信仰中心。

淵遠流長，繼往開來

漢族歷史在商朝以後才有文字記載，之前的史事都是口耳相傳，交代也會有不足之處，因此可信度經常遭受質疑，不過這並不影響史前三位先皇的尊崇地位，因為信仰本來就是將自然、祖先、聖賢神格化，而加以崇拜、緬懷、效仿的過程，在這個過程中，人學會謙卑、團結、向上。

三位先皇代表漢族的三種文明起源，讓我們知道祖先演化的歷史，也因而讓我們更珍惜自己的過去、現在和未來，並為自己感到驕傲，以及繼往開來的重要，讓我們一起慎終追遠，勇往直前！

第二篇

各有專工的護佑能神

五文昌帝君

——管很大的考試院長

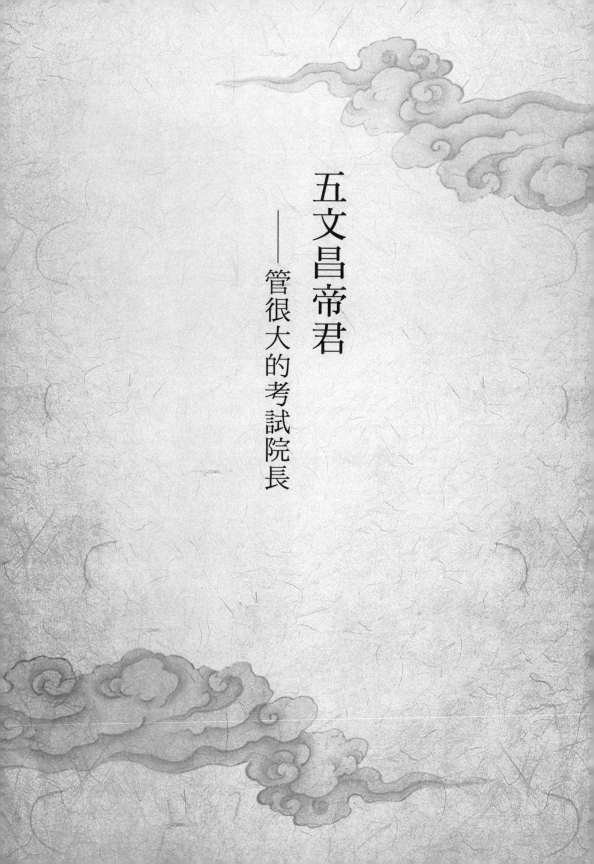

漢族是個科舉取士的國家，再怎麼卑微的市井小民，都可以因為三元及第而揚名立萬，除了光宗耀祖、桑梓同榮外，連帶的，黃金屋與美嬌娘也都會自動而來，所以「士農工商」，讀書人排在第一位，應證了「萬般皆下品，唯有讀書高」的傳統價值。

透過文化遺傳，升學主義掛帥的風氣至今仍方興未艾，連帶的，中國周邊的儒教國家也都極度重視文憑，所以負責考試與科名的文昌帝君，可謂知識分子必拜的守護神，讀書人可能自許高風亮節不拜財神爺，但遇到文昌帝君，卻必然跪地磕頭，祈求仕途一帆風順。

隨著時代變遷，如果只將文昌帝君的神責定位為升學考試，那就太狹隘了，舉凡公務員考選、銓敘（考核）、升貶外，還有學術、文學、藝術、創作、教育、感化、研發創新、文科競賽，乃至工商時代工作上的文書作業、人事行政、管理規章、財務管理（非投資理財）、晉升考核、人才選育、契約訂定；社會上的群我關係、專業形象、情緒管理、價值理念；家庭的倫理和諧、夫妻好合、親子教養等，都是文昌帝君的管轄範圍。所以，除了學生與學藝教文人士外，公務人員、企業人士想要職場工作和考核晉升順利，文昌帝君都是要祭拜的神明；而祈求詩書傳家、子弟知書達禮，也是要祭拜文昌帝君。

文昌帝君的身世——星官與地方神的結合

文昌的崇拜一開始是自然天文的星曜崇拜，後來與鄉野傳奇的梓潼帝君結合，合稱梓潼文昌帝君，簡稱文昌帝君，而以梓潼帝君為主體。

《史記．天官書》和《漢書．天文志》都引用《石氏星經》的記載，北斗七星前四顆（稱為

「魁」）的上方有一個星官（中國的星座），共六顆星，稱為文昌，掌管天下的文運與祿命，占星家則定義文昌為文貴的星宿。隋朝開始科舉取士制度，到了唐朝科舉制度正式成形，此時文人學子開始祈求神明保佑應試順利，於是出現「北孔子，南文昌」的崇拜現象，孔子是山東人，所以北方人拜孔子，南方人就拜文昌，而這又與南方四川的梓潼神有關。

梓潼是四川省一個縣，梓潼神就是當地的保護神，在古代，地方信仰大都帶有巫術或鄉野大鬼的信仰成分，譬如媽祖信仰，一開始也帶有南越的巫覡信仰成分。東晉《華陽國志．蜀志》記載，西晉梓潼縣七曲山有善板祠（又稱亞子祠），供奉的張亞子就是梓潼神，是地方保護神，也是瘟祖神，有保佑、作戰、除瘟、伸張正義等功能，相傳當時是持寶劍與鷹爪的戎裝造型。

唐玄宗在安史之亂時走避四川，經過七曲山時，封梓潼神為左丞相，後來唐僖宗在黃巢之亂避走四川，經過七曲山時，加封為濟順王，因為朝廷敕封，所以梓潼神從地方神成為了四川神。

宋真宗時，因為官逼民反，四川益州（今成都）發生獨立革命，平定後敕封了張亞子，後來的皇帝為了安撫人心，也表彰四川的高度文明，陸續加封為忠文仁武孝德聖烈王、神文聖武孝德忠仁王，這是梓潼神在官方開始轉換為有文記錄之神面向的開始。宋朝時，道教也吸納張亞子，並奉為主宰功名祿位之神。

到了元朝，為了鞏固統治政權，表面上接受儒家（但實際上卻不重用漢族士人），元武宗敕封孔子為「大成至聖文宣王」，元仁宗不但恢復科舉制度，也敕封張亞子為「輔元開化文昌司祿宏仁帝君」，並設祠官祭，清朝《梓潼縣志．藝文》記載了當時的加封敕文：「四川七曲山的梓潼文昌帝君為天星所化，文章彪炳，以科名造就諸多士子……」這是官方第一次出現帝君神階、文昌帝君聖號，將文昌星官和梓潼帝君結合，同時也賦予祂掌管科名神責的開始。

❖張亞子

據考證，張亞子應有其人，西晉末期出生於今日的四川越巂縣，後隱居於七曲山，一開始為巫術人員或鄉野大鬼，鄉民為之立亞子祠。

《明史．禮志》記載，東晉時，四川愛國人士張育為反抗前秦的入侵，自立為蜀王，並英勇戰死，七曲山建有張育祠，並尊奉為雷澤龍王，百姓於是將張育視為張亞子的轉世化身。後來為了符合文昌帝君的身分，便說張亞子為晉朝官吏，在四川推行道教（天師道起源於四川）與文教事業不遺餘力，使四川成為漢族的南方文明而名留青史。目前採用的文昌帝君誕辰二月三日，便相傳是張亞子的生日。

因為漢族科舉制度的關係，梓潼文昌正式封帝掌管科名後，各地也開始建廟祭拜，不過，因為梓潼神被某些儒教人士認為是鄉野大鬼，不合祭祀法禮而拒絕祭拜，所以一開始在北方，梓潼帝君信仰並未傳開，在南方也有閩南以朱熹、客家以韓愈代替梓潼帝君的。

這個爭議到了清朝嘉慶皇帝將文昌帝君列入國家祀典，與孔子並尊，地位才終於確定下來，並命天下學、府、縣及書院皆須設置祀祠，所以現在仍保留下來的清朝知名書院，大多正堂都是文昌祠，兩旁才是書廂。

明末清初鸞門善書興起，開始流傳《文昌帝君陰騭文》，日本學者將之編入《世界聖典全集》，在中土，則列為《三聖經》之一（見「關聖帝君」章），影響之深，可見一斑。

神多勢眾的五文昌——聖賢崇拜的關帝與呂洞賓

漢族本來就是泛靈崇拜，拜神絕不嫌多，所以民間便仿效天文上有六文昌，於是將文昌神再加入四位，成為五文昌，加強崇拜勢力，另外四位文昌神中，有兩位是聖賢崇拜：**關聖帝君**、**孚佑帝君（呂洞賓）**，有兩位是自然崇拜：**魁斗星君**、**朱衣神君**。其中最晚出現的是宋朝的朱衣神君，所以五文昌信仰最早是從宋朝開始，而以目前的聖號和造型出現，應該是在明末出現關聖帝君的文衡帝君聖號和魁斗星君的「魁星踢斗」造型之時。

關聖帝君在五文昌中稱為文衡帝君，歷來被儒家尊稱為山西關夫子，清朝順治皇帝制定關帝春秋二祭，乾隆皇帝正式敕封為山西關夫子，是國家與儒教的法定祭祀對象。明末鸞門流傳關帝是紫微宮裡的朱衣神轉世，並興起文衡帝君聖號，雖然都沒有受到朝廷和道教的承認，但因為更符合文昌神精神，所以在此便被採用。其他詳見「關聖帝君」章。

呂洞賓在五文昌中稱為孚佑帝君，在道教的流派宗祖中，中過進士，文采第一，學歷最高者，即為呂仙祖，他出生於唐朝的貴族官僚家族，後棄官修行，清《全唐詩》收錄祂的詩作有四卷二百多首，所以道教聖賢崇拜中的文昌神，祂推為首選。

呂仙祖信仰的興起，是因為祂為道教全真派北宗五祖之一，一開始的全真教（後稱為全真教北宗）創立於山東，當時山東先後為金國、蒙古帝國的領土範圍，全真教受到當時包括成吉思汗在內的君臣王公虔誠信仰，因而叱吒一時。全真教北宗以鍾離權、呂洞賓的思想為主，不強調符籙煉丹，主張內丹與心性休養，並提倡以「道」為核心的三教合一。元武宗敕封「純陽演正警化孚佑帝君」，其中的「演正警化」便是表彰祂道術教化的影響，也更符合祂的文昌精神。其餘見「觀音菩薩」章。

才華洋溢還需欽點人——魁斗星君與朱衣神君

五文昌裡，除了梓潼帝君外，會經常被單獨提出來，以科考神身分加以祭拜的便是魁斗星君，因為祂負責點選中第人，為免懷才不遇，藏玉於匣，當然就要祈求雀屏中選了！

魁斗星君，原本是指北斗七星的前四顆，因為北斗七星歷來被形容為像湯匙（或勺子），前四顆像盛湯水的容器部分，《說文解字》：「魁，羹斗也。」所以漢《春秋運鬥樞》記載，這四顆星稱為「斗魁」，而「魁」也是首領，如奪魁，所以魁便有領先群倫之意。同時期的《孝經援神契》則稱之為「奎」，並說奎的樣子好似一本寫字的書，所以奎便成為文章之府。魁的首領加上奎的文章，遂成為文魁——科考之首，所以被科考仕子所崇拜。要注意的是，魁也稱奎，但奎並非二十八星宿的奎宿，魁也不是天魁星，不可混淆。

在漢族，所有的自然神都會被神格化，所以魁演變成魁斗星君、大魁夫子，也有人將夫子稱為天子，應該是筆誤訛傳。現在「魁星踢斗」的造型就是根據「魁」這個字圖像化而來，在明末的藝術品裡開始出現，一個站立的鬼面夫子左腳後翹呈踢斗狀。在象徵意義上，「魁」字裡的「斗」在這裡是星斗之意，「踢斗」便是踢起「文章星斗」獲得功名（見元〈借問中朝詞〉）。另外，魁斗星君右手高舉執筆欽點中第者，左手略低捧著墨斗（即魁

中國民間版畫中的魁斗星君。

字中「斗」字的象徵），並站在大鰲（海中大龜，相傳能承載島嶼，象徵神靈與承擔）頭上，古時殿試中狀元，就站立在殿前的浮雕巨鰲頭上迎榜，所以稱為「獨占鰲頭」。如果為坐姿神像，則仍為鬼面，戴狀元帽。

因為魁斗星君是鬼面夫子踢斗形貌，所以後世就傳說，魁星爺因為貌醜似鬼，三次殿試未中，憤而將裝書的書斗踢掉，並投江而死，後人感其才華洋溢所以祭拜之，這傳說當然不是真的，因為進入殿試就已經是進士了，只是名次和等第的分別而已，沒有落榜的問題，而且這故事幾乎是鬼王鍾馗的翻版。

另有一說，魁星爺赴京趕考發生意外，結果破了相、遺失了書斗，還衣衫襤褸，但仍堅定赴試，終於奪得狀元獨占鰲頭，這個故事勵志溫暖許多，只是還是虛構的。

朱衣神是一種現象崇拜的神格化，古代因為紫微大帝的信仰，所以紫色為神靈與皇氣的象徵，如紫氣東來、紫禁城，相對的，朱紅色和身著朱衣便是公門官吏的象徵，白衣便是老百姓。由於文章好壞的取捨常帶主觀，因此學子對於以文章取士的科舉制度，便帶有運氣或宿命的感慨，宋《侯靖錄》和明《天中記》都記載，歐陽修擔任科舉閱卷官時，如果遺漏了好卷子，後面就好似有朱衣人點頭表示認可該文，他就拿回重新審閱，並批為合格，並引用了兩句詩：「文章自古無憑據，惟願朱衣暗點頭。」表示朱衣神同意了，就能夠透過文章中第而進入公門，不然也莫可奈何，不過這詩並非歐陽修的作品，只是引用當時已經流傳的詩句，可見宋朝時「朱衣點頭」的說法便很風行了。現在朱衣神君的造型是三公王卿、朝之重臣的形象。

因為文章通過與否需要朱衣點頭，也才能進入仕途，所以朱衣神便被高度神格化，明末《桃園明聖經》記載，關聖帝君是紫微宮裡的朱衣神轉世。也有人將朱熹當成朱衣神，不過朱熹年代在《侯靖錄》之後，所以是音似而誤解，另有人直接用朱熹取代朱衣，朱熹地位相當文昌帝君，也有單獨祭拜的廟宇（如全臺唯一的嘉義市朱子公廟），不過沒有朱衣點頭的功能就是了。

文昌帝君身旁裝聾作啞的陪侍

現在文昌帝君造型為頭戴官帽，沒戴帝冠而帶官帽，應該是取其中第為官之意。官帽有兩種，一種是沒有翅膀的梁冠，為禮冠，有的文昌雕像會做成金冠，彰顯帝君身分；一種是有翅膀的烏紗帽，是日常頂戴，同樣的，有的文昌雕像會做成金烏紗。**文昌帝君右手拿筆，左手持功名簿，象徵欽點功名**，有的文昌帝君廟左右兩龕會陪祀至聖先師孔子與造字的倉頡先師。

文昌帝君的陪侍是兩位僮子，龍邊捧官印者稱為天聾，虎邊捧劍（象徵權力）者稱為地啞，天聾地啞來源有兩個說法。第一個是自然崇拜的演進，在清朝時被發掘的《黃帝地母經》說，地母的夫君天父原本是玄童子，他聾我啞配成雙。因此之故，稱天地為天聾地啞，不過將天父地母當成僮子有悖常理，應該只是名目上的巧合而已。

第二個是現象的形象化。有說因為文昌帝君掌管天下文運祿命，所以祂的小僮子要裝聾作啞才不會洩漏天機；另一說，這是警示學子中舉後，為官要裝聾作啞，不要強出頭。這兩個解釋都太過消極，把漢族文人在封建制度下的犬奴官場文化表露無遺，如此怎能文明天下、為民立命？

積極的解釋是，讀書人就是要祈求聰明，但所謂「大智若愚」，真正大聰明的人應該虛懷若谷，裝聾作啞，而非處處與人爭鋒；筆者的解釋是，顏回問孔子何謂仁？孔子說，就是要「克己復禮」，而要做到克己復禮的德目，就是「非禮勿視，非禮勿聽，非禮勿言，非禮勿動」，但讀書寫作需要用眼睛，兩僮子端立如儀就是非禮勿動，天聾地啞就是在警示學子還要非禮勿聽、非禮勿言，這可是孔子「克己復禮謂之仁」的大教。

此外，文昌帝君還有一匹陪祀祿馬，一說因為梓潼帝君曾轉世蜀王張育，是戰將，座騎是一匹戰馬，成為文昌神後，該馬便成為祿馬，名為「白特」，負責賞功送祿，四川文昌祖廟便建有白特殿專門祭祀。白特被神化後，一說那是一匹面似馬，蹄似牛，角似鹿，尾似驢的「四不像」，四不像原本是《封神演義》裡姜子牙的坐騎，據考證就是麋鹿，所以這也是神化後的結果，祿馬就是馬囉；另外，有祿馬就有馬爺，所以馬爺就是送祿神。下次去祭拜時，親切尊呼一聲「白特爺」，應該可以「加分」不少！

三甲及第不只靠實力

古時候讀書人至少要通過鄉試（省級考試）才有機會當公職，所以每個書生都希望自己省級鄉試（舉人）、全國會試（進士）、皇帝殿試（決定進士等第）皆能一路過關沒有中斷，是所謂「連中三

❖克己復禮

「克己復禮」還用於《魁星踢斗圖》的圖象化文字上，畫中魁星的身體便是用「克己復禮、正心修身」八個字去變形組成的！

甲」。如果一路都考第一名（解元、會元、狀元），便稱為「連中三元」，更是當代大事。但據史料統計，在整整一千三百年的科舉歷史中，只有十三位「連中三元」。

別消說連中三甲或連中三元，只論每三年一次的全國會考，諾大的中國只率取兩三百名進士（比臺大醫學系率取率還低吧）就知道，光要三甲及第，就已經不只是實力的問題，還需有祖德和神力相助！所以，文昌帝君祭祀會在「詩書之邦」香火鼎盛，自有其雄厚的文化歷史背景。

漢族祭拜文昌帝君最熱絡之處，是梓潼帝君發祥處的四川七曲山，當地梓潼文昌宮是全球文昌祖廟，也是中國最大文昌廟，俗稱大廟，前身是西晉時的亞子祠，元初張亞子被封為文昌帝君，朝廷將亞子祠改建為文昌廟，所以也是漢族最早的文昌廟，清咸豐《梓潼縣志》稱此廟為文昌靈應祠。而歷經三朝整治，現有二十三座廟宇建築群，盤據曲山，輝映潼水，建築堂皇，結構龐大，是研究三朝建築風格的文化保護區，有古建築博物館的美稱。

因清嘉慶皇帝下令，書院皆須設文昌祠祭拜，所以在臺灣，古老的書院多與文昌祠結合，呈現當時濃郁的書香與校園氣息，也可見文昌信仰與儒學、科舉完整結合的地位。臺灣知名書院有：臺中大肚磺溪書院、彰化興賢書院、雲林西螺振文書院、高雄內門翠文書院、屏東書院。南投也有四大書院：草屯登瀛書院、南投市藍田書院、集集明新書院，另外，明潭正心書院已消失。

廟宇不只是民間崇拜神明處所，當民族遭受壓迫時，民族的神靈和祖靈信仰往往更是激發人民起來反抗的重要力量，這在臺灣廟宇史裡屢見不爽！

大甲文昌祠創建於清光緒年間，祭祀梓潼帝君、朱熹、韓愈、魁星，後又增祀孔子。日據時期，日人實施皇民化政策，不准百姓奉祀神明和祖先，鄉民於是將神像和神主牌暫放於文昌祠。大甲文昌祠一開始先被日軍佔用，後改為漢人分教場（中小學的分校），後又改為日人分教場，因而遭到地方人士抗爭並發生衝突，之後臺人再度進駐並教授漢學和武藝，後來提倡臺灣文化自醒的臺灣文化協會將此地當成講習所，影響臺灣至深。所以，大甲文昌祠是在信仰中展現民族魂魄和精神的典範之一。臺灣光復後，此地又被軍警佔用，遭到嚴重破壞，後經整治，才成今日樣貌。

文昌祠不僅是學子讀書之處，也是文人組社相聚活動之處，最常見的便是詩社、讀經社、書法社，而這些文人雅興，也是科舉文化的延長。

苗栗文昌祠創建於光緒年間，並設有英才書院，日據時代書院廢除，廟地被佔用，後來臺人成立栗社（苗栗詩社），將此當成活動場所。

該祠經歷地震、廟地被改為防空壕、市場等因素，重建後成為今日規模，也可見文昌祠在經歷日治摧殘、終戰後科舉不再，才造成支離破碎、極度沒落的狀況。苗栗文昌祠最大的特色便是，它的廟門不是門神，而是天聾地啞兩位僮子，在文昌廟裡獨樹一格。

文昌帝君的祭拜

拜文昌除了一般祭品外，考生還可以準備芹菜（勤）、蔥（聰）、粽子（高中）、桂圓（富貴圓滿）、菜頭（好彩頭）、蒜（會盤算），以上的菜類以生菜為主，拜後帶回家煮食，增添實力。此外，牛軋糖是功名糖、糕仔是步步高升、花生（糖）會發，都適合用來拜文昌帝君。但避免拜蛋類，以免考鴨蛋。

臺北市文昌宮，俗稱雙連文昌宮，相傳建於日據時代，是臺灣唯一將五文昌大型塑像，並分別建殿祭祀的文昌廟（但少了呂仙祖），是北市學子必拜之處，如果想看清楚五文昌的相貌造型，就來此祭拜。

新北市新莊文昌祠陪祀有印僮、劍僮、祿馬、送財神，是完整的奉祀，同時也是全臺第一尊祿馬爺。**臺北市龍山寺**主祀觀音菩薩，但後殿設有梓潼帝君、大魁星君、紫陽夫子（朱熹）、馬爺（白特），是一座三教合一的殿堂，一次就能拜齊眾多神明。

為天地立心，為生民立命

以往祭拜文昌反應的是百姓中舉的心理，現代祭拜文昌反應的是考上好學校的心理，考試順利當然重要，但之後呢？裝聾作啞，只圖心中的黃金屋和顏如玉？《文昌帝君陰騭文》中說到：竇禹鈞命該早夭無嗣，但因收養孤女、廣行善義，結果延壽三十六歲，五子登科皆為忠臣；宋郊用竹枝搭橋，讓雨中數萬螞蟻逃生，因而高中狀元；孫叔敖小時候看到傳說中見了就會死的雙頭蛇，為了不讓他人也看到，就將蛇殺死埋葬，因而做了宰相。

所以，文昌帝君已經說得很清楚，要高中固然要勤奮念書，但最主要是心有善念，如果沒善念，中了第反而荼害百姓，縱使祭祀豐沛、法會連天，文昌也不敢保佑！

各路財神爺

——大家最愛拜的神明

招財進寶還能趨吉避凶

漢族人士除夕夜發紅包壓歲，其意是用來壓祟（鎮壓鬼祟），新年見面第一句話就是：「恭喜發財！」象徵吉祥，可見錢財不僅是財富，還能趨吉避凶，此話並非玩笑，因為見財心喜，一喜就破三災。

此外，道教法器將一百零八枚古銅錢串成金錢劍，還能斬妖除魔，所以招財驅魔的財神爺是最受歡迎神明排行榜永遠的第一名！

因為財神爺太受歡迎，因此在泛神論的漢族，財神爺是誰便有眾多說法，坊間有說關帝因為重信義，最適合生意人祭拜，所以是財神，這個說法只能說明關公是「商神」，不能說明祂是財神（見「關聖帝君」章）。

真正的財神恐怕是多數人相逢卻未曾相識的——五路財神的中路財神，也就是玄壇元帥趙公明，玄壇是道教的道觀或道壇之意，玄壇元帥便是道教的總護法神。道教共有四大護法元帥，組合各說略

❖ 五帝錢

古錢能避邪是因為它的造型是天圓地方，上面又有皇帝尊號，得天地人三才之氣，又有帝王之威；此外，古錢歷經千萬人之手，所以人氣旺盛。古錢中又以順治、康熙、雍正、乾隆、嘉慶時代最佳，稱為五帝錢，因為這五代國勢強、氣旺，連鬼也怕！

有不同，但一定都有趙元帥，可見錢財（財神爺）能趨吉避凶並非虛構，下次拜財神還要一併求平安，一舉兩得喔！

「玄壇元帥」「趙公明」的聖號在晉朝的《搜神記》及南北朝梁《真誥．協昌期》就已出現，當時祂是天帝底下一位威猛暴烈的武將，是冥神、瘟神之類的大將軍。到了明朝，祂的故事便完整起來，主要有二。

明《三教源流搜神大全》記載，堯帝時代天上十顆太陽作孽，被后羿射下九顆，只有一顆化為人類，就是趙公明，所以是日之精，居於終南山，後入四川山林修行，祂原本就長得黑臉怒目，漢末張陵天師在四川創立天師道，請祂當護法並看守丹爐，祂便頭戴鐵冠、手執銀鞭，騎著黑虎執行任務，後來服了丹藥成仙，變化無窮，能驅雷役電，呼風喚雨，驅瘟解災，保人性命，現在玄壇元帥的造型與身分便是由此而來。

另外，明《封神演義》記載，趙公明為了保護殷商而陣亡，雖然紂王是暴君，但因為趙公明武藝高強、忠心不二，所以姜太公封其為玄壇元帥。另外，姜太公又封了趙公明的兩位徒弟與兩位手下敗將為四路財神，並為趙公明部屬，後人便將祂們合為五路財神，因為祂們都是武將，所以也稱為武財神，這就是玄壇元帥為中路財神的由來，道教則尊為「金龍如意正一龍虎玄壇真君」。

五路、八路及十路財神

五路財神如前所述見於《封神演義》，是傳奇人物的崇拜，古人多不識字，將稗官野史的虛構人物當正史人物崇拜，但倒也表現出崇尚忠孝節義的情操。

五路財神簡表

方位	聖號	姓名	法寶	與趙公明關係
中路財神	玄壇元帥	趙公明	銀鞭（鐧）	本人
東路財神	招寶天尊	蕭升	落寶金錢	敗將
南路財神	招財使者	陳九公	雙劍	徒弟
西路財神	納珍天尊	曹寶	縛龍索與定海珠	敗將
北路財神	利市仙官	姚少司	雙劍	徒弟

五路財神是財神起源的正版，有的財神廟將財神爺做成白面，是將「財」神格化，或配以招財童子、利市童子，這就不是正版了。

後來有人將五路財神變成八路財神，不過典籍查無出處，相傳是臺灣金箔業者在中國遇到同行授予八路發財金，因而發展出來的。

故事是說，趙公明是位孝子，所以有緣遇到三千年才一次的開天門，便立即請求賜財，結果祂養的雞開始下金蛋，養的狗開始吐銀錠，於是請了八位金匠銀匠幫祂打造金箔（拜神）、銀箔（拜鬼）貼在紙錢上，燒給天神以示感恩，這也是紙錢貼上金箔或銀箔的由來。但財多引盜賊，某日土匪來搶劫，黑狗變成黑虎打退敵人，金雞也變成鳳凰載著趙公明和八位金匠、銀匠升天，八位金匠、銀匠便成了天地人三才，加上五路便等於八路財神。所謂「四通八達」，指的便是四面和八方，所以八路財神應該是搭五路財神故事的神話便車而來。

除了五路、八路財神，還有加強版的十路財神，但不過只是臺灣本土發展出來的小眾信仰，是財神的大匯集，除了原本的五路武財神，再加上五路文財神，分述於後。

另版五路財神——「文武義富偏」財神

除了五路財神系統外，漢族的財神其實還有很多呢，首先是「文、武、義、富、偏」的另版五路財神。

文財神指商紂的丞相比干（也是林姓的始祖），因為屢屢斥責紂王和妲己，被紂王挖了心，相傳他被挖了心之後並沒有馬上死去，還騎馬回家，途中聽到有婦人賣空心菜，他便上前詢問：「菜沒心能活，人沒心能活嗎？」婦人回答說不行，他便應聲倒地身亡，所以祭拜比干就別用空心菜了。比干已經沒有心，不會有一絲一毫的私慾之心，而且是亙古第一忠臣，忠信卓著，所以玉帝封祂為管理財庫的神明，道教尊祂為「文曲守財藏真福祿真君」，所以是文財神，同時也是庫財神，掌管金庫、銀庫、寶庫等倉庫。

此外，范蠡（陶朱公）是國君謀士出身的商賈，也被視為文財神。

武財神就是五路財神，如前所述。

義財神就是關聖帝君，民間以關帝是武神，所以稱之為武財神，亦如前所述。

富財神就是沈萬三，人稱大明首富，經營海外貿易致富，曾幫朱元璋出了修復南京城三分之一的經費，還打算出百萬兩黃金犒賞三軍，可是百般討好卻君心難測，朱元璋認為他擅越本分，藐視帝王，便藉故將他發配雲南，子孫也都遭了禍。

偏財神有二意，一指至偏遠地方謀生發財，清朝中土開始向海外移民，此種財神便因運而起，以到南洋經商致富的蘇福祿為代表，在星馬一帶還被供奉為土地公。

偏財神另一意是相對正財神而言，只要是正當工作與營業收入的都是正財，**偏財指的是不勞而獲但尚屬正當的財富**，如贈與、賞賜、中獎、投機、拾遺、政府彩券等。民間有謂五路財神的中路財神是正財神，其餘是偏財神，此說恐怕有誤，因為「生意興隆通四海」，焉有中方財是財，四方財不是財的道理？

偏財神是指漢朝韓信，祂本身年少時就是個浪蕩子，還因而蒙受胯下之辱，據傳祂發明了骰子，讓士兵在軍閒時玩樂，以保持士氣，賭場還奉韓信為祖師爺，號稱賭神呢，南投民間的韓信廟，便是直接以韓信為名的偏財神廟。

此外，黑白無常中的七爺謝將軍戴著長筒官帽，專緝亡魂、野鬼到案，所以活命人見到祂如同碰到凶煞，因此就在祂的官帽寫上「一見發財」或「一見大吉」來化煞，七爺就成了偏財神。

民間認為，鬼靈之類如果好好善待之也會帶來橫財，但橫財非偏財，有鋌而走險與非法賭博之意，所以諸如廖添丁、林投姐、有應（萬應）公、十八王公、姑娘廟，乃至野外墳墓，多是求明牌、求橫財的特殊人物去祭拜索求，但這不是政府與道教承認的正神，所以不是「神」，是鄉野大鬼，千萬不可搞混。

除了漢族的本土財神，華人也很崇拜佛教和密宗的財神，而且種類很多，大家較熟知的是財寶天王，亦即四大天王中的北方多聞天王，祂是北方多寶佛的化現，掌管天下財富。密宗有五色財神——綠財神、白財神、紅財神、黃財神、黑財神，和漢族五行的顏色一樣。佛教財神主張「先捨後得」，所以先佈施方能得福德。

「正偏準」中的準財神

除了上面提到的各式正財神、偏財神外，漢民族多喜歡人多氣旺，也喜歡滿天仙佛喜洋洋，所以又有好多準財神，雖然都不是正職財神，卻能保佑事事順遂、因而賺取財富的神明。

土地財神

是最常見的準財神，二〇一五年臺灣十大財神廟網路票選，前三名都是土地公廟，擊敗正職財神呢！（見「土地公」章）

歡喜財神

彌勒菩薩在印度的造型跟一般菩薩雷同，但中土在五代時有一胖和尚尊號契此，馱著一個大布袋到處化遊，人稱布袋和尚，被認為是彌勒的化身，便以祂做為彌勒菩薩的造型，並尊為彌勒佛。布袋和尚笑口常開，能夠和氣生財，而且大大的肚子象徵量大福大，大大的布袋子象徵藏滿了財富，所以被人當成財神爺供奉。到了東瀛，日本人發展出「七福神」，便是以布袋和尚為首。

送財神

關恩主公身邊的豁落靈官（道教三十六護法天君之首），統籌百萬貔貅，能為人送財，不過只送忠義善良之人。貔貅是民間常用的招財獸，牠喜歡吃錢，但沒有肛門，錢財只進不出，而且還凶猛得很，所以能進財又能守財。

祿神

福祿壽三仙中的祿仙，白面俊美，手抱小孩，完全與關恩主公身邊的張仙大帝意義一致，所以張仙除了是送子神外，也是送祿神。豁落靈官和張仙大帝可以在恩主公廟看到，別忘了求財喔！

撒錢財神

三腳蟾蜍是民間常用的招財吉祥物，蟾蜍是五毒之一，因邪煞而教人不敢靠近，蟾蜍很愛吃，什麼都吃，肚子大大的，所以被視為能招財，金蟾效力就更強了。

為什麼是三隻腳？相傳有一次牠從山上掉下來摔斷了一條腿，但就意義上來說，應該是牠斷了一隻腳（被人制伏），才不會活蹦亂跳又把錢財帶出去。

五代道教全真五祖之一的劉海蟾，因名字有個蟾字，所以便被傳奇說成「劉海戲金蟾，一步一吐錢」，祂用錢串釣金蟾，金蟾叼住錢串跟著走，卻把肚子裡的錢給吐出來，所以劉海蟾所到之處皆可拾錢，便就成了準財神之一。

祿馬

文昌帝君的陪祀祿馬和馬爺，以前負責征戰各地驅除瘟疫，現在負責賞功送祿，所以也能招財，見「文昌帝君」章。

虎爺

虎爺信仰在臺灣很流行，虎爺除了因為勇猛能驅煞、是兒童守護神外，臺諺有云：「虎爺咬錢來。」所以也是準財神。虎爺是瑤池金母、張陵天師、保生大帝、城隍爺、土地公、王爺的座騎，所以遇到上列神明時，可以注意神桌下是否有虎爺，若有可祭拜之，**虎爺是肉食，但祭拜時以生雞蛋替代即可**。

臺灣虎爺的老大是新港奉天宮的金虎爺，祂可是清嘉慶皇帝敕封的虎狀元，不但御賜狀元金花戴在頭上，而且還是建殿安座於神桌上的虎爺，媽祖出巡時祂打頭陣，名聲更甚於新港媽。不過，玄壇元帥的座騎是黑虎不是黃虎，所以應該不隸屬虎爺範疇。

各行業祖師爺

各行各業祖師爺因為能保佑執業人員工作順利、商品暢銷，所以也是準財神之一。

越炸越旺的炸寒單

在清朝的史料中就已經記載臺灣有炸玄壇、迎玄壇、燒佛、走佛等宗教儀式，而且是全島性元宵節的活動，指的就是現在臺東流行的「炸寒單」，寒單就是玄壇的臺語音。日據時代禁止臺灣人從事民俗活動因而中斷，二戰後，主要由臺東玄武堂系統的廟堂延續，並成為臺灣元宵三大節慶之一（見「關聖帝君」章）。

為何要炮炸寒單？最通常的說法是，玄壇元帥是日之精，所以要用火炮轟炸，才會越來越旺。那為何是炸寒單爺？筆者認為，一來，玄壇元帥開始時是瘟神，所以炸瘟神有驅瘟的信仰，驅瘟是古代各地都有的宗教活動；二來，玄壇元帥是武財神，所以才越炸越熱鬧，越炸財越旺。

有人說寒單爺就是邯鄲爺，是流氓神，這應該是個誤解，因為除了典籍上找不到邯鄲爺這方神聖外，玄武堂也承認寒單爺就是玄壇元帥。而流氓神之說，是因為初期炸寒單時，都是由當地幫派人物當肉身寒單來吃炮，所以才引起誤會。

金光閃閃、招財進寶的財神廟

《封神演義》記載，趙公明原本於四川峨嵋山羅浮洞（今稱九老洞，全稱九老仙人洞）修行，此處後來被視為財神廟的發源地，今內部亦設有玄壇元帥、五路財神及虎爺的神像，除了是峨嵋山觀光區，也是峨嵋山財神文化的展示，臺灣許多財神廟也經常回來謁祖。

另據《三教搜神大全》記載，趙公明為秦代陝西終南山人，今日陝西周至縣集賢鎮趙代村即建有巍峨堂皇的財神廟，除了五路財神外，還有關羽，除了文財神、武財神及眾多漢族神明，殿前還塑有一隻碩大的金蟾蜍，可謂中國最齊全的財神廟。雖然二〇一一年才開放，但喊出「華夏第一財神，九州無二福地」，氣勢磅礴，廟宇鎏光，果然名不虛傳。

臺灣桃園南崁五福宮是臺灣有史以來可查最古老的財神廟，建於明鄭初期，所以是開臺玄壇元帥廟，金身是隨鄭軍來臺的神像，所以稱為開臺玄壇元帥武財神。五福宮最大的特色是有個公蛇洞，內有三十多條大錦蛇，被稱為使者公，蛇雖然不是玄壇元帥的陪祀，但因蛇腹貼地爬行，與土地最親近，所以蛇被民間稱為土地公的使者或女兒，土地公是土地財神，所以溫馴的蛇是使者公倒也貼切。另外，這裡還陪祀有極罕見的齊天大聖孫悟空，專門調教頑皮的小孩呢！

南投草屯敦和宮，號稱有全世界最大的銅鑄神像，同時也號稱是臺灣位階最高的財神廟，清朝時從福建西山分像至此安座，已有三百五十年歷史，神像金身據說在宋朝時已供奉於南京考試院裡，有近九百年歷史。敦和宮只祭祀趙天君，未陪祀其他財神，獨尊趙天君是很大的特色。

雲林北港於清朝時船舶往來，貿易旺盛，據傳是臺灣五路財神信仰的發源地，**北港武德宮因為號稱分靈四千金尊，分火十萬令旗，成宮廟者上百，所以稱為臺灣五路財神的開基祖廟，同時也是最大財神廟**，有五千餘坪，廣場側邊高達四十餘臺尺的通天庫金爐，也號稱是全世界最大金爐。

嘉義文財殿是臺灣少數主祀文財神比干的廟宇，文財殿非常具有特色，包含天公爐在內的所有香爐都是元寶狀，也陪祀佛教布袋和尚轉型的福財財神，及善財童子轉型的善財財神。另外，也陪祀文財神的座騎金聖孔雀，別具民俗樂趣。

忠心司職，道德生財

臺灣最大的財神廟武德宮，神明曾降鸞指示，跟財神爺求財的方式是「心誠則靈不二門，忠心司職正氣穿」，表示盡忠職守就是最好的財富來源；而草屯敦和宮的宗旨是：「道德平安，道德吉祥，道德生財。」說明德為財之本，財為德之生的道理。

所以，求財應該先盡責修德，財富自然穩定而來，否則「人為財死，鳥為食亡」，橫財索命，也是千古明訓！

財神的祭拜

因為新春初五開市和開工，店家工廠在當日接財神開張，所以演變成元月初五是神財爺生日。

祭拜財神除了一般三牲四果外，重視一點的會準備紅龜粿、艾草粿、菜頭包、芋粿巧、發粿等「五粿合」來拜財神，象徵五路財神大集合，五粿合也象徵「五福臨門」，平時拜拜亦可使用；簡單一點的話，發粿是一定要的，因為象徵「發發發」。

此外，金桔、花生、芒果（忙）、甜飯、汽水、旺旺……等象徵財源廣進的食品，也很受歡迎。要求財一定要廣結善緣，所以拜香蕉、李子、梨子、鳳梨，臺語音意「招你來旺」，是最能代表你好、我好、大家好的！一說玄壇元帥為回人，不吃豬肉，這個說法在典籍上查無出處，所以可以不用理會。

財神廟都會放置大型元寶，拜拜時記得順便摸一摸，並唸一唸：**「手摸金元寶，招財又進寶；手摸金元寶，賺錢可可可（賺飽飽）；正（右）手摸元寶，生意日日好；左手摸元寶，日日得財寶。」**

保生大帝

——道心慈濟的活神仙

救世活人的神醫

漢族有許多醫神，如嚐百草而中毒的神農、開啟漢醫先河的扁鵲、為關帝與曹操治病的神醫華陀……其中建廟最多、祭祀最廣的當屬保生大帝，因為祂除了醫術精湛，號稱神醫外，更仁心仁術四處以醫救人命，以道度人心，是人間的活神仙。

有人戲稱「保生」聖號取得好，保證生子、保證生存、保證往生，這當然是玩笑話，不過也顯現保生大帝信仰深入民間，俗俚皆親的特色。

保生大帝民間俗稱大道公、吳真人，是真實存在的聖賢，不過因為是地方型人物，未見正史記載，資料多從廟誌和地方誌而來，因而略有神化之嫌，這種情況也發生在許多地方賢人身上。

北宋《西宮檀越記》就開始有祂的事蹟記載，綜合各書所記，生平大約如下：大道公是北宋初年人，本名吳夲（音滔），曾推舉為御史，後辭官修道、行醫，在世時即有神醫之稱，著有《吳夲本草》。南宋朝廷詔令建祠後，《泉州府志》、《白礁慈濟宮碑》、《青礁慈濟宮碑》等就更詳細的記錄了祂的生平和傳奇。

大道公出生地現在認定為同安縣白礁村，後於東礁村居住、修道，終身茹素未娶，並不像港劇演的有一紅粉知己，因其醫術精湛，救人無數，且在瘟疫時佈財施藥，頗有道家神仙風範，備受人民尊敬。宋仁宗時升天，青礁村民建龍湫庵祀祭（庵是供奉神明的簡陋建物），並尊稱為醫靈真人，因靈驗異常，開始成為地方信仰。

大道公生前因為修道，被信奉後自然也開始有了更宗教性的傳說，身分從神醫變成同時精通道術的道醫，被傳為是精通道教醫術的全真派道士，道號悟真，而原本的草藥之學，也被描繪為煉丹及道教醫術的「枕中」、「肘後」之學，宋仁宗時還入宮醫好太后的乳疾，而名揚天下，但未接受太醫職務，仍四處弘道濟世。後來又傳說，大道公年輕時遇到異人傳授道教法術，所以有斬妖除魔的能力。不過，以上說法皆未見於史料正式記載，所以大道公應該是以醫者道心，終生捨身行醫濟世的行誼受人尊崇，因而成為百姓崇拜的對象。

古時醫藥不發達，而且瘟疫（急性流行傳染病）流行，所以對巫醫或瘟神的崇拜便很流行，大道公是真實存在，且是終身濟世的神醫，再加上宗教化後的道醫形象，使祂的信仰愈發蓬勃。**南宋第一任皇帝宋高宗頒詔，於青礁村和白礁村同時興建醫靈神祠，大道公由此開始被朝廷承認**，祠相當於鄉里等級的位階；宋孝宗敕封「大道真人」，並賜白礁神祠「慈濟廟」名，位階提升，從此人稱大道公，「慈濟」也成為保生大帝祖廟系統的聖號；南宋最後一位皇帝宋理宗，又將廟格提升為慈濟宮。至明朝，保生大帝信仰持續興盛，明仁宗敕封「恩主昊天金闕御史慈濟醫靈妙道真君萬壽無極保生大帝」，從此便稱為保生大帝。

❖ 吳真人煉丹？

漢族道士吳真人為求長生不老，因而經常煉丹，主要是以礦石材料為主，也被視為是漢族化學的始祖。大道公後來被傳為是道醫，所以傳說祂煉丹施藥，同時以「枕中」、「肘後」等道教醫術治人，但以其所傳《吳本本草》來看，祂一生精通的是草藥，而非煉丹及道教醫術。

大道公和媽祖的恩怨情仇

保生大帝和媽祖有許多類似之處，一開始都是泉州地方崇拜的人物，因朝廷敕封而擴及東南省分，後來隨移民的傳播，成為跨地域的神明。在臺灣，祂們都是隨移民最早進入本地的神明，因同為宋朝人（大道公北宋，媽祖南宋），有天時之利，並同屬泉州，有地利之便，所以被小說家亂點〈大道公鬥媽祖婆〉的鴛鴦譜，但故事也可能是改編自「媽祖大戰呂洞賓」（見「媽祖天后」章）。

此外，據《臺灣縣志》記載，臺灣最早建立的廟宇是臺南新化保生大帝廟，俗稱開臺大道公廟，據文物推定，大約建於明萬曆四十六年（一六一六年）荷據時代，廟中保生大帝金身亦被認為是全臺第一座唐山神像。而臺南市開基天后宮建於明永曆十七年（一六六二年），媽祖神像還是當年隨鄭成功艦隊來臺的「船仔媽」金身，身分非同小可，雖然時間上略晚於前者，屈居第二，卻有正式史籍可查，所以誰才是開臺正宗第一金身，便懸疑不決，「大道公鬥媽祖婆」可能還會繼續下去。

不過，神明是合作無間保護蒼生的，彼此不會有什麼間隙，媽祖被封為海神，保生大帝被封為醫神，民間諺語便說：「渡海靠媽祖，安居靠真人。」說明兩神是共同維護移民海陸安全的兩大守護神，彼此不是對手，而是攜手。

常做「替身」的保生大帝

除了與媽祖一段無中生有、可能搞錯男主角的戀情外，保生大帝也因盛名之累，成了借劍給玄天上帝的債主，不過債主應該是呂洞賓（見「玄天上帝」章）。

另外，大道公還有幾個膾炙人口的傳說，但據學者指出，這也是從其他同是醫神或神仙那邊「轉借」過來，或搞錯對象所致。

大道公的座騎是一隻老虎，傳說老虎因為被骨頭鯁住喉嚨無法吞嚥，痛苦萬分，大道公幫牠取出骨頭，老虎便馴服於大道公，這個故事應是出自唐朝藥王的「孫思邈醫虎」，相傳古代大夫上山採藥都要帶個虎頭鈴鐺當護身符，便是由此而來。

至於「揭榜醫太后」，一說是宋仁宗時，一說是明成祖，大道公因不敢觸犯鳳體，所以懸絲為太后診脈，這個故事起於清《吳真君記》，不過「懸絲診脈」的故事是出自明《西遊記》孫悟空為朱紫國王「懸絲診脈」的劇情。

有的保生大帝廟會供奉三尊大帝，一說大帝是大道公，負責醫術；二帝是藥王孫思邈，負責醫方；三帝是道教四大天師之一的許遜，負責藥符。此說認為，保生大帝的傳說原本就摻雜孫思邈和許遜的故事，從神醫被說成道醫，所以「保生大帝」是結合三位神明的信仰。不過，此說並未被保生祖廟系統接受，而將三尊大帝都視為保生大帝。

另說，保生大帝旁有水火二將，這也是玄天上帝的龜蛇（稱水火二魔，降伏後成水火二將）訛傳而來。

大道公還有其他傳說，如和醫虎傳說合稱「點龍眼、醫虎喉」的說法以符水治療巨龍眼疾、派遣廟內泥馬雕像助宋高宗過河避敵的「泥馬渡康王」等。大道公生前是一位道家風範的神醫，缺少精彩的傳奇事蹟，加上後人喜歡編造奇蹟，塑造神明的悲天憫人與神通廣大，所以就讓史實與傳奇混雜不清了。如「泥馬渡康王」是為了解釋為何宋高宗會詔令建大道公廟所編出來的神話，其實，**歷代皇帝向來便善用神明來攏絡鄉民，以進行神權統治，而且還訂有神明敕封進階辦法，只要神威顯赫，深受**

百姓愛戴，並符合朝廷政治利益，便能一直「升職」。據考察，宋高宗建大道公廟，是鄉紳吏部尚書顏師魯（定肅）向朝廷奏請獲准。其實，僅憑大道公的醫者道心，就值得我們尊敬景仰了，並不需要太多神話，但這也反映人民喜歡有神蹟來救苦救難的底層心理。

大道公的配祀，除了虎爺外，最常見的是四大元帥或三十六員天將，因為相傳玄天上帝以三十六員天將抵押借了大道公的七星劍未還，所以三十六員天將便隸屬大道公管轄，而四大元帥便是祂們的統領（含於三十六員天將中）。三十六員天將是取材自歷史或傳奇人物，成員並未固定，即便是領頭的四大元帥，說法也不一，其原因除了傳說雜沓外，有些神將是被當主神祭祀（如關公、趙公明），如果成為自己的護法豈不怪哉？此時自然必須抽換。

另外，傳說大道公以符水救活了一位已化成枯骨的書僮，書僮的主人江仙官因而執意追隨，後來當地的主簿（主任祕書、師爺）張聖者（或稱張法主）亦辭官追隨，兩人便成為大道公的陪祀，有的大道公廟甚至陪祀書僮，就是大道公救活的書僮，而非一般的貼身書僮。不過，從「仙官」、「聖者（法主）」的名字來看，這似乎也是由神話而來的。

❖神明進階辦法

以宋朝禮儀為例，生前無爵位者先賜廟額，再封爵，爵位依下而上為：侯、公、王。生有爵位者先從其本封。婦人之神封夫人，再封妃，之後再增添神仙封號，初真人，次真君。不過越到後朝，封號越多，往往連上帝、天尊也出現了。

青白兩祖廟的慈濟宮

大道公生於白礁，定居青礁，升天後百姓於青礁立龍湫庵，因年代久遠，已經頹廢，一九九六年於舊址重建，供奉保生大帝（醫靈真人）及其門徒江仙官、張聖者。

南宋時，高宗詔令同時於青礁和白礁立祠，兩礁相距不到三千公尺，都是重要聖地，現在通稱「青、白礁慈濟宮祖廟」，其中青礁稱為東宮，白礁稱為西宮。兩廟雖同時奉詔立祠，但**白礁西宮早一年動工，且廟宇宏偉，有「閩南故宮」美譽，並由宋孝宗賜名慈濟廟，所以白礁慈濟宮又是保生大帝祖廟的首位**，相傳殿中的國母獅便是保生大帝醫治好明成祖文皇后後御賜的。後來因為保生大帝信仰發達，又興建了南宮，同安縣現在已經是保生大帝廟群林立的神醫文化區了。

在臺灣，大道公廟以臺南學甲慈濟宮為祖廟，該廟之金身是鄭成功部隊的白礁子弟由白礁西宮攜入的二帝，此說亦為白礁西宮所承認。

一六六一年農曆三月十一日，鄭成功部隊由學甲登陸臺灣，攻克荷蘭後，白礁子弟每年於登陸紀念日在學甲遙祭中國祖宮，稱為「上白礁」，之後便於學甲建廟。現在，該廟於將軍溪畔建有「鄭王軍民登陸暨上白礁謁祖紀念碑」及白礁亭祭祖，可謂一脈嫡傳。

臺北大龍峒保安宮興建於清朝乾隆時期，亦為白礁西宮的分靈，但非大帝金身，該廟建有大道公廟少見的「紫微閣」，因為在

日據時期的臺北市保安宮。

保生大帝的祭拜

保生大帝據史載終生茹素，所以祭祀時應用素齋。建於清朝乾隆，分靈自中國的臺中大道公廟元保宮，即公開告示要信眾以鮮花、素果祭拜。素齋禮儀見「觀音菩薩」章。

保生大帝的傳說中有一說，大道公是紫微星轉世，保安宮目前為臺灣規模最大的保生大帝廟，每年舉辦「保生文化祭」，發揚保生文化最力；**農曆三月十五日保生大帝聖誕的大龍峒保生大帝出巡，被稱為臺北地區三大廟會活動之一**（另外為：霞海城隍祭、艋舺青山王遶境）。早年因為醫藥不發達，所以廟宇也因而發展出抽藥籤的機制，最常見的便是保生大帝藥籤，已流傳兩百多年，媽祖藥籤次之，保安宮即出版了《保生大帝藥籤解》，目前且仍保留了藥籤筒，但不公開展示。

德術兼備，普世救渡，方為真人

大道公之所以異於其他醫神廣受百姓祭祀，屢受朝廷敕封，主要原因除了精湛的醫術被尊為醫神外，最重要的是祂的醫德——以一顆道心入世紅塵普遍濟世，因而獲得「慈濟」的封號，如果沒有這樣的救度情懷與事蹟，醫術再怎麼高明，也不會受到社會的尊崇，這足堪目前知識專精，卻只圖一己之利的現代人參考與省思。

三太子

——由野轉正的囝仔神

原來祂是佛教護法神

中壇元帥三太子李哪吒是漢族民間信仰極廣的神明，暱稱哪吒、三太子、太子爺，除了道教祭祀外，乩壇也因為祂好鬥又善鬥的個性，有助驅魔制煞，所以信奉的程度更是普遍。

雖然三太子是囝仔神，刁蠻難馴，可是也因深具童心和天真，容易親近、沒有心機，因此頗受歡迎。祂可愛的造型和扮相，在臺灣還成為新的電音三太子文化而揚名國際，是宗教信仰與表演藝術結合的現代化產物代表。

大部分的人認為，三太子哪吒是出自漢族傳奇小說的人物，可是依據典籍裡出現的時間先後考查，祂真實的身分是佛教的護法神，現代更有印度學者說，印度的哪吒可能又是出自伊朗，但證據不夠充分，原本教義、神話在民族間相互涵射、交流，原本就是很普遍的事。

南北朝翻譯的《佛所行讚》、唐朝翻譯的密教經典《毗沙門儀軌》三經，說明那吒（當時是「那」而非「哪」，為梵文音譯的簡稱）是佛教四大天王中北方毗沙門天王的三太子，經常伴隨在父親身邊執法，不過因為護法心切，經常以傷害及殺虐的手段對付王公大臣及修行人，坦言自己「欲攝縛惡人，或起不善之心」。

佛教經典記載，地球之上共有二十八天，跟我們毗鄰的第一重天便有四大王天，毗沙門天王為四大天王的領袖，是與人類最接近的天王，同時也是武神、軍神、財神、知識神，唐朝篤信佛教，毗沙門天王當時已成為隨軍護衛之神，同時也是各界單獨祭祀的主神。

據《毗沙門儀軌》尾題記載：唐明皇時，西北方的蠻族進犯新疆，明皇請不空和尚祈請毗沙門天王相助，不久天王果然率三萬天兵降臨，嚇得蕃兵鳴金而去，因為顯靈退敵神威顯赫，明皇便設神像祭祀，出兵時也以祂為旗幟，從此毗沙門信仰便廣為流傳。因為毗沙門天王的信仰極廣，三太子也因而跟隨著在唐朝時就打開了知名度。

那吒變成不良少年哪吒

到了明朝的《封神演義》，故事轉型了，哪吒（此時由那吒成為哪吒）是商紂時陳塘關總兵李靖的三兒子，祂是由靈珠子（崑崙山天池因接收天地日月精華而形成的一塊寶石，這個傳說跟孫悟空類似）投胎而來，哪吒在母胎裡待了三年六個月，出生時是一顆金光閃閃的肉球，頗具傳奇性，也藉此說明祂並非凡胎肉體。

李靖原本是唐朝名將，所以後人把他跟唐朝戰神毗沙門天王的形象結合，在《封神演義》裡，是姜子牙伐紂的主要將領之一。哪吒個性懵懂任性，雖不以殺人為樂，卻視殺人是一種動氣後的自然反應，這也說明此時的哪吒尚未脫離物種原性，因此犯有一千七百殺戒，後來打死了東海龍王的三子，還大鬧龍宮，東海龍王興兵問罪，哪吒卻認為這沒什麼大不了，李靖於是逼哪吒自盡謝罪，哪吒因而割肉還母、剔骨還父，當場自戕，也因而與李靖恩斷情絕，結下不共戴天之仇。後來太乙真人（道教的太乙天尊）折荷蓤為骨，藕為肉，絲為筋，葉為衣，幫哪吒造了一個新的身體，不過三太子深恨李靖，所以處處尋仇，燃燈道人（佛教的燃燈佛，是釋迦摩尼佛的前任佛）賜給李靖玲瓏寶塔將哪吒困住，兩人才言歸於好，一起並肩作戰。

哪吒因為武功高強、法器眾多，又非凡身肉體，成為伐紂的先行官，幫姜子牙屢建奇功，被視為是超級戰神類的神明。

在同是明朝的《西遊記》裡，李靖成了托塔天王，哪吒成為三太子，故事大綱的前端和《封神演義》差不多，只是太乙真人和燃燈真人的角色變成如來佛，哪吒也喚如來佛為父，後來幫助孫悟空降伏獨角兕大王、牛魔王和白老鼠精。由此可見，明朝時，佛教「毗沙門天王和那吒」已經徹底轉型為中土版「李靖（托塔天王）和哪吒」的故事而且家喻戶曉，所以才會同時被兩本傳奇小說採納，因此祂的故事應該在唐宋就展開了。

五營兵將中的中壇元帥

哪吒象徵的意義並不全然只是超級戰神，他是靈珠子轉世、死而復活、永遠童身，象徵著天生地養、自然野性、韌命重生的野生意涵；而他由好犯殺戒（動物本性）、大鬧龍宮（藐視體制）、仇敵父親（違反倫理），到成為效命沙場的建國大功臣，也象徵野性悔過、向善、立功的倫理化過程，這也是漢族「化殺為用」而非「制煞相剋」的教化哲理，而這轉折就在於蓮花為身、喚佛為父象徵的佛法。

在中土傳奇裡，最後讓刁鑽難治、群神無策人物馴服並改過遷善的，大多是佛祖、觀世音（其他如孫悟空、紅孩兒），可見佛法在民間認定裡，除了「佛法無邊」外，也是改變野性的重要力量，這比大多使用「斬」妖「除」魔來殲滅妖道的道教，獲得更多認同，同時也表露了萬物都是由天地而來，所以皆有靈性、皆可教化的觀點。

哪吒身上寶物眾多，稱為八寶，其中五寶為幫助哪吒以蓮做身的太乙真人所贈，較有名的有：左輪生風、右輪噴火，可以飛天遁地，踩在腳下的**風火輪**；長一丈八，做為主要武器的**火尖槍**；可大可小、可擲可套，持在左手的**乾坤圈**；披在身上當成綑仙索的彩帶**混天綾**……這些法器在現今哪吒神像上都可以明顯的看到，也因而使祂更為神通廣大。此外，因為《西遊記》中哪吒作戰時可化身成三頭六臂，所以有的哪吒雕像也以六臂造型出現，象徵祂的法力高強。

三太子來自傳奇的色彩太過明顯，所以未見朝廷的敕封紀錄，但道教因為祂的通天本領，所以尊祂為鎮守天門的「威靈顯赫大將軍」，此外也是五營神將中的中壇元帥。「五營神將」在中土是很重要的自然崇拜神格化，東南西北中五個方位各有駐守的神兵神將保護土地和人民，現今在廟宇裡外或小庄頭，仍處處可見用五根權杖或五色令旗象徵五營兵將的祭祀。

❖五營神將

五營神將是地域或廟境的守護神，屬於地方神將，相對的，三十六天罡、七十二地煞為天庭神將。五營神將的五位首領各自為誰，說法並未一致，但都認同哪吒為中壇元帥是五營神將之首，同時也以五行的五色來代表五營神將，即——東青、南朱、西白、北黑、中黃。

誰是孩子王？——神明中的囝仔神

三太子是囝仔神，而且已經從自然野性的刁蠻無知被倫理化，現在是執法的正神，因此民間認為，基於同理心，頑皮的小孩如果交給三太子管教，或體弱易病的孩子交給三太子照顧，效果會更好，因此在乩壇中，三太子便備受歡迎，同時也廣收契子。**乩壇收契子好生保護，同時擴為基本信徒在臺灣是普遍宗教現象**，收契子的情況在鸞門也經常見到，而且已經普遍化、制度化。

民眾極為容易和哪吒混淆的囝仔神，便是紅孩兒和善財童子。紅孩兒在《西遊記》裡是牛魔王和鐵扇公主的兒子，長得相當俊美，可謂一表人才，雙手持的也是一丈八的火尖槍，在《薛丁山征西》的故事裡，他又多了一項和哪吒一樣的寶物：乾坤圈，後世將他以童身的形象出現，所以與哪吒非常雷同。因為紅孩兒已經練成三昧真火，所以孫悟空不敵，只好請出觀音菩薩將其制伏並收為徒弟，後世因而又誤認為他是觀音菩薩旁邊現童子身的善財童子。在民間傳奇裡，紅孩兒的形象是哪吒和善財童子的綜合體，是說得過去的。

另外，以牧童身分得道成仙的廣澤尊王、八歲成佛現在被當成觀音菩薩陪祀的龍女，也都是以童身形象出現。虎爺因為能夠管教小孩、招財驅煞，也被視為兒童守護神，所以虎爺並非是威猛的形象，而是Q版的造型。

不過以上，還是以三太子的囝仔神形象最為鮮明，並成為代名詞。

搞怪搞到世界去——電音三太子

臺灣是國際島嶼，人民的文創力和包容性很強，對宗教的態度也是如此，約從二〇〇〇年開始，便將富有民俗表演性質的陣頭融入到現代表演藝術裡，且做出了名號，其中最有名的便是三太子、八家將，而電音三太子現在已成為各種活動的常客，甚至躍上國際舞臺，成為行銷臺灣的表演。

電音三太子成為臺灣新文化（不過，也有人認為這只是以臺灣草根性為主的「臺客文化」，屬於次文化），是一種社會自然演進下的產物。隨著時代的演變，傳統的歌仔戲、布袋戲和南北管逐漸不再受到民眾的喜愛，廟會活動表演為了吸引更多民眾參與，便開始走向與流行元素結合的綜藝表演、青少年街頭舞曲，甚至鋼管舞等；另一方面，三太子是護法神，祂的「大仙翁仔」經常在陣頭裡出現，不僅是兒童造型，而且被雕塑得笑臉盈盈，可愛無比，因此最受歡迎。

在廟會活動流行化的趨勢下，「電音＋三太子」的組合也應運而生，因為活潑生動、親民有趣，因而深受喜愛並快速傳播開來，同時也讓廟會活動的參與更活絡、年輕化，甚至吸引兒童的垂愛——囝仔神果然創意無限，魅力無法擋！

電音三太子表演團在臺灣已經登上二〇〇九年高雄世界運動會、臺北聽障奧運會、臺北國際花卉博覽會等國際大型活動，也紛紛被邀請到國外，如美國元旦花車遊行等，進行活動與表演。美國國家地理頻道（Discovery）還拍攝了《愛上真臺灣：電音三太子》紀錄片作特別報導。雲林北港太子聯誼會是第一個開記者會命名「電音三太子」，並拍廣告、上媒體炒熱話題的團體；嘉義朴子電音三太子活動企劃館，號稱是電音三太子戰鬥舞的始祖，經常在廟會慶典和文化活動上表演電音三太子、陣

❖大仙尪仔

將神明做成類似布袋戲的布偶，但約有兩個人的高度與大小，將大仙尪仔套在人的身上，便可以藉由人而走動。

❖臺灣廟會現代化與觀光化

臺灣廟宇為了挽回逐漸流失的信仰人口，所以現代化能力很強，包括：野臺戲精緻現代化、布袋戲金光化（加入聲光效果和特技演出）、陣頭融合現代表演藝術、電音三太子等，而且這四者也都登上了藝術與國際舞臺，從宗教民俗傳統藝術轉型為現代表演藝術。另外，廟會時，也會擺設Q版神明偶像或人體活動布偶，同時推出Q版神明紀念品、其他有趣民俗技藝表演……廟會已經逐漸有嘉年華的型態，也因此，廟會已成為觀光活動，並使年輕人口回流。

頭和各式民俗表演；臺中大雅九天靈修院（九天玄女廟）附設九天民俗技藝團的三太子與陣頭故事，被改編成電影《陣頭》，它們對推廣電音三太子與民俗表演現代化都深具貢獻。

無疑地，臺灣三太子颳起的宗教陣頭新民俗技藝風潮，已經開始捲向全世界了，這對逐漸式微的宗教信仰來說，是值得誌慶的大事。

三太子廟宇與祭祀

哪吒原為漢化的印度神，但因傳奇的推波助瀾而成為廣受歡迎的道教神明，現在中國有多個地方認為自己便是傳奇中所說的陳塘關，也就是哪吒的出生地，因而他們的哪吒廟便是哪吒祖廟。中土最早的哪吒廟記載見於四川《江油縣誌》，為明嘉靖年間建立，現在江油縣建有翠屏山道觀，俗稱哪吒祖庭；同樣在四川的宜賓市也有座翠屏山，現在建有哪吒行宮，號稱哪吒祖廟。另外，根據河南《西峽縣誌》記載，丁河奎文村南山頂原有哪吒太子廟，現在此處也建有哪吒祖廟。三廟都有建廟史料記載，並有許多符合傳說的事物存在（這當然是穿鑿附會的故事行銷），不過，現在的廟宇都是近代完工的，無法斷定說誰為祖廟，只能說各有信眾，臺灣的太子廟也各擁其主。

在臺灣，**高雄龍水港化龍宮稱為全臺開基太子爺廟**，據耆宿口述歷史紀錄，化龍宮的金身是在明鄭時期由移民攜入，先奉祀於家祠，後再建廟。另外，根據同在高雄，建於清康熙的三鳳宮碑文敘述，三鳳宮奉祀的主神中壇元帥，是由龍水港化龍宮分靈而來，因此化龍宮肇始於明鄭時期是可信的，是全臺最早的三太子廟。化龍宮目前不但仍主祀開基金身（大太子），還配祀正二祖和正三祖、附尊三座，還有一百零八尊分靈太子，陣容浩大。

臺南新營太子宮，**建於清雍正年間**，**是臺灣歷史悠久的太子宮**，由此分靈出去的太子廟眾多，所以被稱為臺灣太子廟的開基祖廟，採南方廟宇加兩廂房式建築，充滿藝術之美與歲月風霜。近代，在

三太子的祭拜

農曆九月九日是三太子聖誕千秋，祭祀三太子除了一般祭祀禮儀和供品外，還會多放糖果與玩具兩樣東西，以討囝仔神歡心，這可千萬別忘了唷！

舊廟的後方另建了全國規模最大的太子廟，新廟採華北宮殿式建築，廟頂上塑立了一尊三太子漆金神像，號稱全國最大三太子像，因為哪吒是三太子，所以本廟也陪祀了哪吒的兩位哥哥金吒和木吒，在臺灣是比較罕見的。由於該廟是臺灣三太子祖廟，所以對推廣三太子文化不遺餘力，新近每年舉辦哪吒太子文化藝術節、太子ＦＵＮ電嘉年華全國電音三太子擂臺賽等，貢獻卓著。

由野轉正，創意變革躍國際

任何一尊神明之所以受到正當祭祀，都絕非只是因為武功高強、法力無邊，更重要的是祂背後象徵的教化意義能讓人見賢思齊！

漢族傳說中，自然生成的三太子是「野」不是「邪」，也就是未經倫理教化的祂，並不知任性所為、大犯殺戒是不對的，所以祂的教化過程與意義才是真正祭祀的重點。

此外，媽祖之所以受到國際矚目，是因為祂龐大且虔誠的傳統信仰活動，但三太子表現出來的則是創意和現代化，所以說，宗教不是不能變革、不能現代化，而且也唯有創新，才能使宗教信仰被更多人接受，且流傳得更久，這樣宗教信仰才能更加發揮它的影響力。

月下老人、城隍夫人等
——受年輕男女歡迎的愛神

翻開中國婚姻史

種族繁衍看似為生物的本能行為，後來萬物之靈的人類把它制度（倫理）化，但其實並非如此，因為人類的婚姻有更重要的「愛」的成分，並昇華成浪漫、永恆的情意，成為「愛情」，絕非「食色性也」這麼物種性的事而已。

所以自遠古以來，對愛情的懷想、盼望、歌詠和祈求，便緜然不絕，而且據西周《詩經》詩作記載，早時男女的聚會、交往、定情、相愛，反而是很開放的。

相傳女媧造人時，就教導人類交媾之事、婚嫁之儀，所以女媧被視為漢族的「婚姻之神」，但遠古時代是母系社會，當時的婚姻制度跟現在自當有所不同。

到了周初的周公，因為「制禮作樂」，把所有社會制度與禮儀做了規範，所以有人便把古代以男權與宗族為中心的婚姻制度歸為周公所制定，把男女房事稱為「敦倫」，意即「敦行倫理之事」。

戰國《孟子．滕文公下》：「父母之命，媒妁之言。」可見當時男女交往的規範已經很嚴格，雖然女人因為生產勞動不免趴趴走，但婚嫁還是必須經過父母同意、媒妁介紹這兩道程序，以免亂了譜，以維持一定的秩序。

古人雖然但憑父母媒妁，但到了宋朝時，離婚或夫死再嫁的情況仍很平常，譬如名詩人陸游的元配唐婉、女詞人李清照等都改嫁了，而且改嫁的對象還是自己交往的，可見當時自由戀愛雖然沒有公開化，但也沒有完全鎖死。

直到明朝理學興起，才有了女人「餓死事小，失節事大」這碼事，不過還好，現在這些迂腐的觀念與規定已經取消，女人們又可大力的追求自己的愛情了！

天下第一媒妁——月下老人

除了女媧為婚姻之神外，男女祈求愛情最常拜的神明便是月下老人。不過，祈求愛情的儀式在西周便有紀錄了，《詩經．鄭風．溱洧》記載，鄭國在三月上旬己日男女聚會，許多男女齊集在岸邊臨水祓禊，「祓禊」是在水邊洗浴，以消除不祥的祭祀，可見當時男女便藉祭祀的集會歡聚，並祈求愛情順利。

月下老人是源自對月亮催情的自然與現象崇拜，良宵月下，情意正濃，是談情說愛、互訴情衷，進而定情繾綣的美時。

明《續文獻通考》和清《簷曝雜記邊．郡風俗》都記載，古時苗人即有在春天月圓之夜，舉辦未婚男女歌舞飲酒的聚會，稱為「跳月」，就是一個藉月亮催情、集體相親的活動。

另外，在湖南侗族也有姑娘在中秋節去心上人家中圃園摘菜的習俗，這個習俗跟臺灣女孩在元宵夜去「偷挽蔥」類似，不過臺灣姑娘是含蓄的偷摘，情事怕被人知曉，侗族姑娘則是大方的喊著，故意讓心上人聽到，而這種行為也被視為美談。文化差異使人情與行為不同，但將月亮視為愛情象徵的情意，卻是各地一致的。

很多人都好奇，愛神的象徵，不是應該像希臘羅馬神話故事中維納斯（Venus）那樣年輕貌美，或是像邱比特（Cupido）這樣可愛小孩，來象徵愛情的結晶嗎？漢族的愛神怎會是個老人？**原因是，漢族明確出現月下老人是在唐《續幽怪錄．定婚店》，當時祂的形象便是手拿鴛鴦譜（民間俗稱姻緣簿）的平民老者，是管理姻緣簿天吏的化身**，而老者形象，應該也象徵漢族婚姻是由長輩作主，以及姻緣天注定的觀念。

後來的人又加料，說月下老人會用紅線將命定情人綁一起，使之縱使逃到天涯海角，始終還是會牽在一起，注定是要碰面的，所以有的月下老人雕像上，還會有一綑紅線。

此外，古人結婚時，一對新人也會一起拉著一條紅綵帶，上面裝飾著一顆紅繡球，象徵這條紅線永遠都會將兩人的心牢牢地綁著，之後，這顆紅繡球也成了婚姻的象徵，所以就有拋繡球招親、尋找真命天子的故事了。

現在月下老人的神像是依原始典籍描述的樣貌出現，所以不著官服，但祂在道教裡也是正神，也因此與同樣不著官服、老人樣貌、手持枴杖的土地公、南極仙翁、華陀仙翁經常搞混，而祂最大的區別點，當然就是手上的姻緣簿跟紅線囉！

原本的典籍和道教都認為「姻緣天注定」，就如生死簿已注定生死定數一樣，所以，只負責保管姻緣簿的月老，其實並無幫人撮合姻緣的神力，頂多是讓人偷瞄一下未來的對象是誰而已，但百姓認為，月老喜歡成人之美，所以跟祂撒嬌一下，祂就會跟媒人公一樣更努力地幫人撮合。

隨著時代的變遷，人的健康與壽命都可以改變了，婚姻與幸福當然也可以改變，所以每個人都應該勇敢去追求心愛的人和美滿的婚姻，因此，未婚男女多拜月下老人是準沒錯的啦！

愛的小窩——月下老人廟宇與祭祀

臺灣沒有主祭月下老人的古蹟級廟宇，但配祀的倒是不少。

二〇一九年網路票選靈驗月老前五名，分別是：臺北龍山寺月老、臺北霞海城隍廟月老、臺北長春路四面佛、臺北東區四面佛、高雄關帝廟月老。

聽說拜了保證終結單身、絕對鎖死！

其中臺北霞海城隍廟月老，更是國際馳名的漢族愛神，連老外都會來參拜。

配祀月老的臺灣古蹟級廟宇有：

1. 城隍廟配祀：三大城隍廟的臺北市省城隍廟、新竹市都城隍廟、臺南臺灣府城隍廟，以及霞海城隍系統的臺北霞海城隍廟、臺北松山霞海城隍廟、高雄市霞海城隍廟。

2. 媽祖廟配祀：臺中旱溪樂成宮、彰化鹿港天后宮、臺南大天后宮、正統臺南鹿耳門聖母廟、臺南鹿耳門天后宮等等。

3. 一般廟宇配祀：臺北龍山寺、新竹市普天宮、臺中市元保宮、臺南祀典武廟臺南天壇、臺南市保安宮、高雄武廟、宜蘭補天宮、花蓮勝安宮等等。

4. 佛寺配祀：觀音菩薩雖是出家人，也幫善男信女祈求婚姻喔，有臺南重慶寺、臺南大觀音亭等等。

月下老人的祭拜

到月老廟參拜時，有些廟方都會幫信徒準備好「套裝供品」：紙錢、鉛錢、紅絲線、喜糖等，另外還備有喜餅、平安甜茶供香客食用，求婚姻的男女都可以嚐一嚐，沾沾喜氣，但喝茶的時候請不要用嘴吹氣把茶吹涼，以免好事「吹」了。

祭拜後將鉛錢、紅絲線在香爐上順時鐘繞三圈過爐，然後將它們放在包包裡或小心保存，讓它們揮發磁場的力量幫你招來桃花運。

月下老人隨時可拜，每月十五之夜更有效，除了花好月圓外，滿月的磁場能量也是強大的魔力！農曆八月十五月下老人聖誕、七月七日中國七夕情人節，當然也都是大日子。祭拜月老非常風行，許多廟宇都會準備好「套裝供品」供信徒結緣。當然，你也可以自己準備，祭拜月老以鮮花、水果、甜餅、甜糖為宜：鮮花（愛情）、紅棗（早找到）、桂圓（富貴圓滿）、喜糖（喜訊）、夾心餅（兩人同心）、桃子（桃花）、蘋果（象徵愛情與熱情），女人還可準備紅（粉紅）色衣服、全新口紅和粉餅，以增加自己的魅力！

如果因而有喜事降臨而訂婚，別忘了帶一個喜餅去還願喔！

不過，拜月老也有一些小小的禁忌：不要戴帽子和太陽眼鏡，這樣月老才能看清你的模樣；服裝要美麗端莊，不要妖艷，因為月老是賜正姻緣，不是賜爛桃花的；傘不能帶進月老殿裡，不然就容易「散」了！如果拜梨子，不要剖開和情人分食，以免「分離」。以上都是通用的基本祭拜禮儀。

最重要的是，月下老人賜的是家庭婚姻的倫常愛情，如果是求野桃花的小王、小三就別來，免得挨罵！

此外，月下老人只賜人姻緣，可不幫人斬爛桃花，所以也別來鬧了！不過，已婚男女經過月老神像時，以一般禮儀感謝祂保佑家庭婚姻和合美滿，當然是可以的。

牽紅線、打小三的師奶——城隍夫人

一般來說，只要是女神，都喜歡信徒家庭美滿，充滿人倫之樂，所以都有祈求愛情、婚姻、家庭、育兒的功能，其中就屬城隍夫人最熱心，因為祂是地界的神侶，不受天神不能戀愛的影響，再加上祂和城隍爺有實際經營婚姻與家庭的經驗，頗有馭夫之道，這是其他女神所欠缺的，所以就成了信眾最喜歡也最適合撮合佳偶的神選。至於土地婆，因為傳說讓百姓覺得祂太現實，所以就沒人去求祂了（見「土地公」章）。

相傳元文宗加封大都城隍爺為護國保寧王時，為了協助城隍爺處理一般家庭事務，所以配祀城隍夫人，加封護國保寧王妃，這是有城隍夫人的正式史料之始，同時城隍夫人這個職位，也是受皇帝敕封過的，是正神職位，有些地方的城隍夫人還會陪同城隍爺一起出巡呢。

城隍夫人望似因夫而貴，其實不然，一般女性大神都是未婚，所以城隍夫人代表的是人間家庭與

❖女人不能看城隍爺出巡？

城隍夫人起源於皇帝賜婚，所以城隍爺成親被視為理所當然。以前一些老人家因為怕家中女生被城隍爺看上而中煞，或是娶去當夫人而折命，所以不准家中女人看城隍爺出巡，這當然是俗人的揣度，城隍爺是正神，不會也不敢強娶民女，不然頂頭上司可饒不了祂，不過這也反應了古時許多官爺是會強搶民女的。

城隍夫人的祭拜

城隍夫人有月下老人求姻緣的功能，信眾祈求婚姻時，禮儀同月下老人。此外，城隍夫人還有斬爛桃花，以及專治夫妻失和、家庭糾紛、小孩管教等家務問題，這時禮儀則同一般祭拜。城隍夫人是人間女神，可再多用神明專用的胭脂、水粉、花簪等祭拜，不過時代進步，現在也有人以真的化妝品取代（凡女神的祭拜，大多可加上化妝品）。

女信徒認為，只要把夫人腳上的弓鞋（三寸金蓮繡花鞋）帶回家放在床頭，便能馭夫有術，並「鎮壓」老公不在外面亂來，因此常拿弓鞋來偷換夫人腳上的弓鞋回去，現在廟方已製作弓鞋供香客結緣，稱為「馭夫鞋」或「幸福鞋」，只要拜拜後過個爐，便可以請回去當鎮夫法寶，連前總統夫人周美青也有一雙。不過，夫妻以和合為貴，不要相互猜忌，彼此信任，把馭夫鞋當成「愛情御守」應該比較恰當一點！

夫妻的倫常，也是相夫教子的典範，當然一些女人家的閨密問題，同樣身為女人，是比較好啟齒討論並出手相助的，譬如：大老婆的反擊——打小三，城隍夫人是絕對不會手軟的。

許多縣市的城隍廟都會配祀城隍夫人，如基隆城隍廟、臺北霞海城隍廟、新竹城隍廟、苗栗城隍廟、臺中城隍廟、彰化城隍廟、嘉義城隍廟、高雄市霞海城隍廟、宜蘭城隍廟、花蓮城隍廟等等，民眾都可以去親近祭拜。

城隍夫人裡最有名的當屬臺北霞海城隍夫人，相傳以前霞海城隍爺五月出巡時，因為天氣酷熱，一些小姐女士容易中暑，當時民智未開，認為是被城隍爺看上以致煞到，就雕了一尊城隍夫人金身為城隍爺娶親，幫祂安家也安心。

我愛紅娘——七娘媽、九天玄女、嫦娥、織女

除了婚姻之神女媧、月下老人、城隍夫人能求姻緣外，功能與城隍夫人相當的還有七娘媽、九天玄女、嫦娥與織女。

七娘媽是兒童的守護神，孩子長到十六歲時，人們做「成年禮」答謝祂的照顧，之後，每年七夕時，七娘媽也會把人間未婚男女的名冊呈報給天庭轉交月下老人，查看有無遺漏，或是應該促成的，所以七娘媽延續了祂愛護孩子的心情，也繼續保佑著青少年的婚姻。

九天玄女是先天陰氣（即還未下降到人間的陰氣）的神格化，陰氣的功能是負責生育與撫養，而生養需要透過婚配，所以九天玄女的職掌之一便是姻緣，九天玄女在漢神中是非常美麗的女神，並且因為是先天女神，所以神通廣大，人們都非常喜歡祂來當媒人。

嫦娥是堯時射日英雄后羿的妻子，因為偷吃了王母娘娘賜給后羿的不死藥，所以飛上了月亮的廣寒宮。月亮是普世愛情的象徵，所以中秋節拜月亮，也正是情人求姻緣的時候，嫦娥因此而成為美麗的紅娘。

織女不是七娘媽，傳奇中有兩個七夕搭鵲橋、每年一相會的故事版本，一個是七仙女（即七娘媽）與董永，一個是牛郎與織女，所以人們就將兩位女神搞混了。正確的版本應該是牛郎織女，祂們

故事的雛形是在西周《詩經．小雅．大東》就被提到了。因為織女是中國情人節的女主角，自然也是姻緣之神。

我們常說幫人撮合姻緣的是「紅娘」，這起源於唐《鶯鶯傳》與元《西廂記》（兩個故事一樣）中幫男女主角暗通款曲的婢女紅娘。雖然紅娘是媒人的代名詞，不過，民間倒是沒有祭祀紅娘的習慣。

另外，民間常有習俗會去拜地方的姑娘廟或烈女廟等求婚姻，認為「女人總是會疼惜女人」，但這些都是屬於鬼魂的陰廟。另外，有些人喜歡拜狐仙求桃花，狐仙不是正神，是動物靈，所以也是陰廟。一般來說，陰廟大多是特殊行業人士求爛桃花、吸引異性，或求取橫財才會拜的，所以正道信仰的人不要貿然嘗試才好。

勇於追求，掌握幸福

古人常說「姻緣天注定」，可是又沒有神或人可以掛保證告訴我們，心儀的那個對象，到底是不是我的真命天子或真命天女？也沒有神或人可以掛保證告訴我們，我終究何時可以結婚？在充滿未知的情況下，人能做的，便是勇敢去追求自己的愛情和幸福，如果凡事按兵不動，認為反正姻緣天注定，早晚都是我的人，那煮熟的鴨子都會飛走了，注定好的姻緣不也一樣會蹉跎而過嗎？所以，積極求愛，才是求姻緣的王道，不信，去問問那些姻緣神們是不是這樣說！

註生娘娘、臨水夫人等

——安產護幼的婆姐們

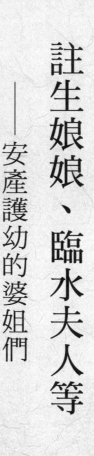

保母始祖，註生娘娘的身世

傳統漢族的婚姻是宗族式的，養兒育女延續血脈是各房的「神聖使命」，也是「天職」，所以負責生育的註生娘娘便有著崇高的地位，縱使到了今日，許多男女年輕時抱著不婚或不生的觀念，但隨著青春不再轉而希冀有一男半女的情況大有人在，這情況從不孕門診門庭若市就看得出來。所以，註生娘娘至今也還是熱門的祭拜神選之一。

求子的宗教儀式起源相當早，周朝的《禮記．月令》、《尚書．大傳．鴻範》即已出現，稱為「高禖」或「句芒」，《山海經．海外東經》並將句芒神描述成為人頭鳥身，古代傳奇中的人物大多有這種人獸合一的圖騰觀點，這裡可能是受到母鳥護雛的影響，而且這和西方傳說嬰兒是由送子鳥的歐洲白鸛（民眾常誤以為是鵜鶘）送達的說法，有異曲同工之妙。到了《漢書．枚乘傳》的註解，就說明當時已建有禖祠，也就是求子廟，連皇帝、太子都必須祭拜。

至於註生娘娘起源於何時，則沒有定論，不過可以推斷的是，將流傳的句芒求子神給基層化、女性化，以符合民間婦女的需求，而現在流傳註生娘娘的助理婆姐們的原型便是人頭鳥身，可見傳承了句芒神的信仰。

現在註生娘娘流行於閩南一帶，漢族信仰多會習慣性地給神明一個身世，所以便稱《封神演義》中，執掌混元金斗（產盆）的三位仙姑，就是註生娘娘的

《山海經》中句芒的圖像。

前身。不過，有些地區會以地方女賢為當地的註生娘娘，譬如臺南城隍廟奉祀的便是明朝趙貞、高雄市橋頭註生宮則為林雪照。

此外，也有人說註生娘娘是碧霞元君或臨水夫人。碧霞元君是東嶽泰山的女山神，是華北地區的信仰，與閩南差距過遠，且功能與生產並無關連，所以應該是訛傳。

臨水夫人就是大家耳孰能詳的陳靖姑，祂是唐末人，結過婚，後來學閭山道法，是三奶派始祖，相傳在二十四歲斬妖除魔時動了胎氣，因失血過多而犧牲，後來清朝皇帝敕封「至皇君太后」、「順天聖母」，因其為女神，且臨死時，誓言死後若不能解救世人產難，則不為神，所以除了是法祖外，更是生產、婦女與兒童的守護神，信仰從福建流傳到東南沿海，乃至東南亞。

如果從地緣和功能來看，臨水夫人的部分神務確實與註生娘娘是重疊的，而且較具規模的臨水夫人廟與註生娘娘廟都會配祀婆姐等從神，雖然祂們有很高的重疊性，不過**臨水夫人曾受朝廷敕封，頭戴輕便型鳳冠（便於戰鬥）**，**註生娘娘則未受敕封，頭梳髮髻飾以珠寶女冠**，所以應該是不同神尊，也不是分身而出，只是功能部分相同，並且若干儀式相互流用。不過，因為註生娘娘是專職產婆，所以在這方面的知名度倒是略高於聖母級的臨水夫人一籌。

註生娘娘和祂的婆姐們

註生娘娘的神像造型應該是梳髻戴鑲寶女冠（不戴鳳冠），因為祂並未接受過朝廷敕封，不過祂是道教承認的正神，所以有些廟宇也會為祂鳳冠加身，手持生育簿與毛筆，登記人間生產與子嗣的事宜。所謂「生育」包含：**受孕**、**妊娠**、**生產**、**養護**、**教育等過程**，**這都是註生娘娘的神務**，而非只是求孕而已，所以懷孕婦女安胎、順產，小孩在十六歲前的養育，都可以祈求註生娘娘幫忙。

註生娘娘的配祀有四位、六位、十二位、二十四位、三十六位不等的婆姐（或稱婆祖），一般以十二婆姐最常見，傳說祂們是鳥首人身，所以又稱「鳥母」，如母鳥護雛一般。

有的註生娘娘還會配祀花公、花婆（如臺南開隆宮等），傳說每個人元神宮中都有花叢，花叢中的白花象徵男孩與數目，紅花則象徵女孩與數目，花公、花婆就是照顧這些花朵，使之茂盛亮麗，以便出生之後健康平安。

古時小孩最怕牛痘（天花）傳染病，不死也變麻子，所以有的註生娘娘還會配祀痘公、痘婆（如彰化市開明寺），祈求小孩免於發疹。史載，清朝順治、同治兩位皇帝都死於天花，當時宮內還大肆舉辦祭祀痘母的儀式。

臺灣主祀註生娘娘的古蹟級廟宇並不多（不過廟宇配祀註生娘娘的比率相當高），**高雄市橋頭註**

❖註生娘娘十二婆姐

註生娘娘與臨水夫人都有十二婆姐，成員名稱不同，但有流用的現象。

註生娘娘十二婆姐職能與名稱：註生婆姐陳四娘、註胎婆姐葛四娘、監生婆姐阮四娘、報送婆姐曾生娘、守胎婆姐林九娘、轉生婆姐李大娘、護產婆姐許大娘、註男女婆姐劉七娘、送子婆姐馬五娘、安胎婆姐林一娘、養生婆姐高四娘、抱子婆姐卓五娘。

生宮內有清朝嘉慶年間「帝命率育」匾額，表示天帝獎勵生育，「生命的意義在創造宇宙繼起之生命」，娘娘使命果然重大！

註生宮的註生娘娘誕辰為農曆三月十二日，不是一般的三月二十日，因為本宮娘娘的元神是地方女賢林雪照，所以是以其誕辰為聖誕。

宜蘭市南興廟是一間蓋在南館市場天臺上的小廟，內有光緒年間的匾額，來頭不小，是宜蘭力推

註生娘娘的祭拜

祭拜註生娘娘除了一般供品外，還可準備如下：

1. **鮮花**：以百合花最適宜，象徵百年好合、花開（生子）富貴，求男用白花，求女用紅花，可用十二朵，因為婆姐有十二位。
2. **水果**：象徵結果。蘋果最宜，象徵平安富貴；柳丁很不錯，會出壯丁；桃子會繁殖，兆子。多子的水果也很吉祥，如木瓜、哈蜜瓜、西瓜、葡萄等；無子水果則避免，如無子西瓜、香蕉、甘蔗、椰子等。
3. **花生**：象徵開花結果，祭拜後可以敲破殼食用，象徵破殼得籽。
4. **糖果**：小孩喜歡吃的糖果、餅乾、零食皆可。
5. **熟蛋**：象徵有子嗣，祭拜後可以敲破殼食用，象徵破殼而出。

6. **甜湯圓**：有生子的涵義。

7. **早生貴子**：紅棗、花生、桂圓、蓮子。

此外，**相傳夫妻兩人一起拜最好，中午以前（陽氣生）求男生、中午以後（陰氣生）求女生效果最好**。如果因而得子（女），別忘了在滿月時，以麻酒雞、油飯、紅蛋等，來酬謝娘娘喔！

由於註生娘娘手持生育簿與金筆，加上古代人有不孝有三無後為大、重男輕女的觀念，便訛傳註生娘娘可以幫人更改子女數，還可變更子女性別，甚至成為一種特別法術，稱為「移花換斗」，這不但迷信至極，且對嬰兒有非常不良的影響，不應盲從。

的宗教觀光勝地，而且本廟的土地公是戴官帽、著官服，相傳清朝時宜蘭市出了一位進士，依禮土地公可以加官帽。有了古蹟級註生娘娘和官帽土地公雙重加持，祈求好孕勢必更加靈驗。

婦女聯盟第一守護神——臨水夫人

明福建《古田縣誌》記載，陳靖姑是當地一位巫覡人員，在一次法會中祈雨成功，不幸體力透支身亡，當時祂已懷有身孕，村民於是建「順懿廟」祭祀祂，建廟後，便不斷被傳奇化和神格化，且大部分與祈雨、斬蛇、救產有關。閩江一帶水草多，所以蛇多，蛇在漢族裡是五毒之首，被視為是妖精的化身、瘟疫的傳播者，所以降祛蛇祟是民間重要的法事，同時斬蛇也就等同斬妖除瘟。

南宋偏安南方時，賜臨水夫人封號和匾額，從此便揚名於閩江一代，清朝福州方言小說《閩都別記》收錄了祂完整的故事。相傳，陳靖姑、林紗娘（九娘）和李三娘是結拜姊妹，合稱「三奶夫人」，在道教成為「三奶（夫人）派」，是「紅頭師公」法祖，專門負責廟宇慶典作醮與個人吉慶祝禱的儀式，現今也處理一些私人的祭改。另一個「黑頭師公」則是主祭張真君的「法主公派」，該派以處理私人事務，如喪禮法事、超渡驅邪、祭改惡運為主。

臨水夫人除了有道教法力外，也和註生娘娘一樣有保護生育的功能，此外，祂更會將法力用在保護婦女、兒童、家庭等各種事務上，是婦女聯盟的第一守護神！相傳乾隆皇帝封賜臨水夫人為「皇君太后」、道光帝皇后尊稱祂為「皇君母娘」、「陳太后」，是少數太后級的神明；另外，雍正皇后宣封為「天仙聖母」、咸豐皇帝敕封「順天聖母」，和媽祖為漢族唯二聖母。

❖三十六婆姐

三宮六院後來被說成三十六宮，見漢〈西都賦〉、唐〈郭處士擊甌歌〉、宋〈酒泉子．無題〉等。傳說，五代時期閩國的開國君主閩王心性仁厚，他有三十六個嬪妃被大白蛇吞噬，因臨水夫人相救才起死回生，便追隨夫人為徒，祂們都有明確的名號。三十六婆姐因為數目太多，神像或陣頭不易備齊，後簡化為十二婆姐，相傳發源於臺灣麻豆一帶。

❖臨水夫人十二婆姐

臨水夫人十二婆姐應該是延續三十六宮、七十二苑名稱，以「宮」為稱呼：總管大娘、二宮黃鸞娘、三宮方四娘、四宮柳蟬娘、五宮陸九娘、六宮宋愛娘、七宮林珠娘、八宮李枝娘、九宮楊瑞娘、十宮董仙娘、十一宮何鶯娘、十二宮彭英娘。

因為臨水夫人被賜封皇家太后，因此陣仗非同小可，旗下有三十六宮妃、七十二苑玉女，應該是比照皇帝三宮六院、七十二嬪妃的編制而來。後來因為送子神崇拜的緣故，也稱呼祂們為三十六婆姐、七十二床母。

臺南民間習俗在十六歲時要做成年禮，祭拜的除了七娘媽外，便是臨水夫人，可見臨水夫人同時兼具註生娘娘與七娘媽的功能；其實，註生娘娘也有七娘媽的功能，只是因為賜子太專業，所以就被專注於註生此一功能而已。

距今已有一千二百多年歷史的福建省古田縣臨水宮是臨水夫人的祖廟，被稱為婦幼保護神，每年都舉辦陳靖姑文化節，現在臺灣被其認定的廟宇共有三間，分別是**臺南臨水夫人廟**、**臺南市臨水宮**、**宜蘭羅東爐源寺**。臨水宮祖廟曾於二〇〇九、二〇一四年，在爐源寺與臺灣順天聖母協會主辦下赴臺灣巡遊，造成轟動，爐源寺並資助臨水宮祖廟蓋了香客大樓，法脈關係親密。

高雄大社碧雲宮俗稱三奶廟，祭祀三奶夫人，是臺灣最早的三奶廟，建於清康熙年間，甚至該村還命名為三奶村（現改為里），可見該廟是地方信仰中心。

臺南臨水夫人廟建於清朝乾隆年間，主祀臨水夫人、三奶夫人、註生娘娘、花公、花媽、三十六宮婆姐等，是臺灣最古早的臨水夫人廟，稱為開基臨水夫人廟，也是編制最齊全的古蹟級求子廟。廟中的雕飾藝術摒除一般廟宇嚴肅的氣氛，充滿濃濃的溫馨，三十六婆姐面目表情不一，但都栩栩如生，表現出育兒過程中喜怒哀樂的各種不同心情感受，讓人感同身受。

三十六婆姐和十二婆姐不但表情情緒不一，連照顧嬰兒的性別、聰愚、孝賢也不一樣，這除了是百態寫實外，也在告誡世人，**子孫肖與不肖都與因果、教育有關，不全是天神做得了主的**；此外，三十六婆姐和十二婆姐都是站姿，沒有坐姿，用來象徵育兒的辛勞和不得閒。廟旁有一個「石來運轉」石磨，去拜拜的人不妨多轉幾圈，或許求子運就轉來了喔！

祂們也是送子神——張仙大帝、觀音菩薩

除了註生娘娘外、臨水夫人，張仙大帝與觀音菩薩也都是送子神！

臨水夫人的祭拜

求子嗣而祭拜臨水夫人，禮儀和註生娘娘相同。鴨子會游泳，相傳曾在夫人於白龍江大戰蛇精時相助，所以供品不祭拜鴨肉。

張仙大帝便是恩主公旁陪祀的一位書生型神明，據明《歷代神仙通鑑》記載，張仙大帝曾於夢中告訴宋仁宗，天狗食月（月蝕）是不孕的原因，而且此時天狗會下來人間啖食胎兒和嬰兒，祂的職責便是用彈弓射殺天狗，因為能夠驅逐不孕、保護胎嬰，遂成了道教中唯一的男性護子神。

明朝時，產生「福祿壽」三仙的組合，祿神是一位白面書生，手抱嬰孩，便是張仙大帝，因此張仙大帝便又成為送子神，福祿壽三仙也因而被稱為財子壽。

廟會演戲之前，會先有一段「扮仙戲」，象徵恭請神明蒞臨，降福百姓，其中有一橋段《金牌仙》，大意是說，玉帝命註生娘娘送文曲星投胎到人間積善之家，而張仙又奉註生娘娘之命護送文曲星下凡，所以結婚、彌月的節慶，最喜演出《金牌仙》。

福祿壽三仙雖然廟宇祭拜的不多，但許多廟宇屋頂都會有三仙的燒釉彩剪，必要時抬頭祈求，也是一種禮儀。

觀世音成為送子神，是因《法華經．觀世音菩薩普門品》記載，觀世音大威神力中，其一便是：時常心念觀世音菩薩，喜歡生男孩的，可得福德智慧之男；喜歡生女孩的，可得端正有相之女。現在民間普遍仍會以每日詠誦〈觀世音菩薩普門品〉來祈求得子，而「送子觀音」的形象，也到處可見，所以觀音廟求子，也是很靈驗的喔！

不生，竟成了臺灣國安問題

漢族傳統觀念認為「不孝有三，無後為大」，且認為多子多孫多福氣，這是延續宗族血脈的觀念，後來因為人口過剩，臺灣開始提倡節育，加上個人主義興起，不婚不育成了臺灣年輕人思想主流，臺灣現今是全世界生育率最低的國家，因為少子化，讓國家結構快速邁向老年化，成為刻不容緩的國家、社會問題。二〇一二年馬英九前總統還將生育率過低列為國家安全問題，狀況嚴重可想而知！

多子多福當然不見得，不過如果一個小孩都沒有，未曾為人父母，就無法體驗完整的人生過程，這自然是一種很大的缺憾！看看許多人年紀大了，才焦慮懊喪的到處求醫求神希望生得一男半子就可以知道，生命的意義，在創造宇宙繼起之生命啊！

所以，下次去廟裡拜拜，就不要刻意避開眾送子神了，祂們是為人帶來人生最大的珍寶和幸福，而非給人帶來累贅和束縛的。

第三篇

最具特色的地方神祇

城隍爺

——熱愛一方的守護神

縣市長就任先拜碼頭

對土地的自然崇拜，就跟對天的自然崇拜一樣，是人類的天性，從整個大地的后土（承天效法后土皇地祇），到整個城池之內的城隍爺，到街里角頭的土地公，以及廟境（一說是無城池的土地）的境主公，都是土地神格化的展現。但要注意的是，一般家庭的地基主，是泛指曾在這塊土地上生活過的殘留魂魄，不是正神。

城與隍兩個字在西周《易經》就同時出現了：「城復於隍。」「城」是城牆，「隍」是壕溝；「城隍」成為一詞首見於班固《兩都賦．序》：「京師修宮室，浚城隍。」不過，這裡的城隍都是指護城建物，而非城隍神，也因為城隍是城池守護物，所以城隍神便延伸為城池守護神的意思。

城隍爺的神格化歷程大約如下：

《禮記．郊特牲》記載周天子年終蜡八祭（見「盤古、伏羲、神農」章），其中的「水庸」便是溝渠神，相傳，後來水庸被擴大解釋成護城河，所以水庸神便被當成是城隍神的前身，現在還有「水庸城隍」的稱呼，如屏東東港東福殿城隍廟。但筆者認為城隍神與水庸神彼此之間仍有極大差異，因為蜡八指的是八種土地農作神，但城隍神是城池守護神；且「隍」是壕溝，亦即無水的護城河，與水庸有水正好相反。

第一次出現「城隍神」一詞，是在東晉〈南雍州記〉，說城內有蕭相國（蕭何）廟，相傳稱為城隍神；《北齊書．慕容儼傳》記載，慕容儼因祭祀郢城的城隍神，因而打了勝戰，當時的城隍神是劉宋時的焦明；《隋書．五行志》則簡略記載祭祀城隍神的牲品是一頭牛，牛嘴上纏繞一條紅蛇。由上可知，明確的城隍神稱呼與祭祀最晚在東晉就出現了，而且多數是屬於地方賢人崇拜。

到了唐朝，祭祀城隍神就非常興盛，《唐文粹．縉雲縣城隍記》說，到了中唐以後，吳越一帶水旱和疾疫嚴重流行，所以祭祀城隍神來祈福的風俗無所不在。宋朝朝廷開始對城隍神頒賜廟額、敕封爵位，並將城隍爺列為天子祭天時，是十大配祀神明的第七位。元朝雖是異族統治，但對城隍神依然恭敬，元〈大都城隍廟碑〉就說：「自內廷至於百官庶人，水旱疾疫之禱，莫不宗禮之。」明朝開國皇帝朱元璋不但明列城隍神的等級，同時將祂列為國祭，並下令縣級以上行政區都需設立城隍廟，城隍神因而成為專職的城池保護神，也擺脫了地方賢人的崇拜加身；明《明實錄》記載，朝廷規定陽世縣官就任時，需先到在地城隍廟祭拜、請益後才能上任，城隍神受崇拜的程度可見一斑，而這當然也是以宗教神權監督活人官吏的做法。

城隍神由原本的護城信仰，變成縣市守護神，百姓在天災頻仍、司法黑暗、相信鬼魅的年代，便將祂當成靈界縣太爺，為老百姓維護生活安定、社會正義和伸張陰陽兩界的冤屈。城隍神神階雖然並非很高，但因為是實際掌握地方行政、司法、刑法的衙門，所以城隍廟成員的編制與規格，是眾神明中最齊全、龐大的。

城隍神是受朝廷敕封和道教承認的正神，並非陰神，陰神定義為陰界的大鬼，而非掌管冥界事務的神明，所以，地藏菩薩、閻王、城隍神等皆屬正神，況且城隍爺是同時受理冥陽兩界的事務，而不是專只負責冥界事務。

城隍爺身分大不同

城隍爺是百姓對城隍神的俗稱，同時也帶有官至「王爺」的意思。因為城隍爺自明朝以來，即是官方祭祀的縣市級地方神，所以直到目前為止，臺灣的每個縣市至少都有一間城隍廟，乃至因為行政區重劃、民間私設等因素，一個縣市有兩座以上城隍廟都是司空見慣。據統計，現在全臺約有九十二間城隍廟，平均一個縣市有四點六間。

現在，城隍爺被視為一個職位的稱呼，並非某人專屬，採輪調制，現在民間認為，有福德且剛正不阿的人，死後可能受封到某個城隍廟擔任城隍爺（或其他正廟神明的代理人），臺中市南區城隍廟還曾以起乩的方式發行了當任城隍爺的自傳，說祂自一九四〇年任職至今；不過，有些地方仍會因為歷史地域因素，固定以某個歷史賢人為城隍爺，如柳州城隍柳宗元、蕪湖城隍周瑜、谷城城隍蕭何，還有臺南小南門城隍朱一貴。

由於城隍爺並非由某一個人專職（如三太子哪吒專職中壇元帥），這個職位可能是輪調，也可能是某人專任某區城隍，所以每個地方城隍爺的聖誕都不盡相同。

陽世間的縣市有大小之別，城隍爺也有，其中以首都的都城隍，以及掌管各縣市城隍的省城隍位階最高。元朝時，開始敕封京都城隍爺為王爵；明太祖朱元璋首先建立城隍爺的分級制，共有五級（首都、都、府、州、縣），都級以上仍維持王爵的封號；清朝則分為四級三階制，取消王爵的敕封，不再封王也等同宣布城隍爺不分階級，都定位為地方守護神，不再有中央級城隍之神。現在臺灣已不再官祭城隍，但民間仍延續清朝的制度，如下頁附表。

三界三權統統管——城隍的職責和編制

縣太爺掌管陽界縣務，城隍爺則掌管陽、冥兩界縣務，如安居樂業（行政）、為民伸冤（司

清朝城隍爺的分級

等級	現在的地位	封號
都	首都、陪都、王朝發源地、首善之區	威靈公（不再封王爵）
省	省	威靈公
府	省、縣之間的行政單位	綏靖侯
縣	縣	顯祐伯

法）、懲奸除惡（刑法）等，陽界縣官做不好的，百姓會轉向城隍爺祈求，這是城隍的「陽界事務」；如果縣務不彰是因為鬼魅所引起，自當更要向城隍祈求，這是城隍的「冥界事務」。

不過，這些事務其他大神也可以完成，所以城隍爺比其他神明多了一項「陰界事務」：掌管人生前的陰騭紀錄與死後的靈魂接管。生前，城隍爺的判官幕僚們便詳細記錄、計算每個人的善惡功過，過世時由城隍廟差爺去拘提（善人則是迎接）靈魂到城隍報到初定善惡，然後將資料和靈魂送到地府閻王那邊定讞，再決定六道輪迴，**城隍廟是一個冥界在人間的檢查署、地方法院和轉運站，最高法庭和法官是地府閻王**（見二〇七頁二十四司職務表）。所以，有人打趣的說，漢人靈魂審判是二審制，且不管善惡，都先下地府（地獄只是地府的一個機構），而西方靈魂則是上帝一審制。

最完整的城隍廟職務編制如下頁表，但是廟宇大小不同，實際配置亦有所不同。要特別說明的是，城隍職務是兼管陽界、冥界、陰界事務，所以差爺可能追蹤人民告狀的惡人、抓拿鬼魅及拘提亡靈等，非單一功能。

城隍廟完整職務編制

職務	功能	名稱
判官	幕僚長	文判官持生死簿（註）檢閱紀錄，武判官舉鐧執行刑罰
捕頭	總隊長	謝將軍（七爺）持令籤、范將軍（八爺）持手銬
護衛	侍衛	牛爺、馬爺
班頭	執行杖刑	李排爺、董排爺
押解	押解囚犯	枷爺（金將軍）、鎖爺（銀將軍）
捕快	刑警	喜怒哀樂四捕快
巡邏	巡邏警	日巡神、夜巡神
師爺	公務助手	左師爺、右師爺
招魂	偵搜遊魂	召魂將軍、收魄將軍
座騎	城隍座騎	虎爺、軍馬爺和馬爺
部隊	防衛隊	五營兵將、三十六官將
司務	科別業務	最齊全二十四司，各司有一主管，見二〇七頁
家眷	妻與子	城隍夫人、大公子、二公子

註：生死簿記載人既定的生、死日期，功德簿記載生存期間的善惡表現，原本是兩本不同簿冊，但這裡是兩簿合一。

全臺三大城隍廟，誰是第一城隍？

城隍爺沒有一般天神給人高不可攀的距離感，是生活在人民周遭的神明，掌管陽界、冥界、陰界的行政、司法、刑法地方權，嚴肅威武中帶有親密關係，百姓對祂又畏又敬又愛，無不百般恭奉，且因為長期列為地方官祭，因此有名的城隍廟與祭典，全臺皆是。

臺灣現在有三大城隍廟，皆稱為威靈公，互別苗頭！

新竹都城隍廟是清廷唯一承認的都城隍，建於清乾隆時期，光緒十七年晉升都城隍威靈公，總轄臺灣城隍廟，圍繞廟宇而建立的商圈，因香客不絕而生意熱絡，不但是新竹的聖地，也是臺灣知名景點。新竹都城隍廟同時祭祀有城隍夫人、大公子及二公子，也是全臺城隍編制最齊全的城隍廟。

建於明鄭時代首都臺南府的**臺灣府城隍廟**，為臺灣最早的官建城隍廟，因為是首都城隍，所以可稱為都城隍威靈公。臺灣府城隍廟最知名的便是日據時期掛在正門楣上方的「爾來了」匾額，是府城三大名匾之一；另外，廟裡還有一個大算盤，是用來計算人的善惡功過。這兩物件都令人望而生畏，說明因果條條分明，善惡到頭終須報的道理。

臺北市省城隍廟建於民國初年，原本祭祀臺北府城隍爺，二次大戰結束後，因中華民國首都設於臺北市，所以信眾改建為臺灣省城隍廟，主祀省城隍威靈公，當時臺北市是中華民國首都，所以稱都城隍亦無不可。二〇〇二年，廟方為恢復正朔，又復名為臺北府城隍廟，但山門題字未改。省城隍廟現在座落於臺北市三鐵共構的中正區，位居全臺最大交通樞紐旁，繁榮異常，雖受限於都市鬧區格局無法展開，但因公共交通便利、人潮熙來攘往，是百姓、通勤族、上班族、學生等，方便祭拜的廟宇，所以香客絡繹不絕。

人很難對神界的事置評，又或許三位城隍爺根本就不在乎誰才是臺灣第一城隍，在乎名分的應該是人吧，所以這件事就留給讀者自行公斷囉！除此三大威靈公外，其餘稱為都城隍或威靈公的，都是民間私設，並無實據。

城隍爺其實可以很另類

除了三大城隍，其餘赫赫有名的城隍廟亦比比皆是，其中最有名的又屬霞海系統的城隍廟。

「霞海城隍」在臺灣頗富盛名，祖廟是福建泉州同安下店鄉（又稱霞城）的地方神廟，受康熙頒賜「臨海門」廟額，移民來臺後稱霞海城隍，是由地方神升格起來的另類城隍爺。

霞海城隍目前以臺北市大稻埕霞海城隍廟為首，大稻埕曾是臺北最熱鬧的市集，大稻埕霞海城隍廟也因而香火鼎盛，聲名遠播，並在一八七九年開始於農曆五月十三日舉辦霞海城隍聖誕出巡，俗稱「臺北迎城隍」，是臺北地區的三大廟會活動之一（見「保生大帝」章），臺諺「五月十三人看人」便是形容霞海城隍爺誕辰繞境的盛況；一九六六年，葉俊麟、遠藤實寫了〈臺北迎城隍〉流行歌傳唱至今，霞海城隍的信仰傳承不衰可想而知。霞海城隍系統還有臺北市松

日據時期十分盛大的臺北城隍祭典。

山霞海城隍廟、高雄市鹽埕霞海城隍廟，都香火鼎盛。

同霞海城隍一樣，由地方神擔任「民間」城隍爺（「官方」另有城隍爺）的例子還有：福建省泉州府的青山王與福州府的五福大帝，詳見各神明介紹專章。

有人將東嶽大帝也當成另類城隍，這恐怕有誤，東嶽大帝雖是泰山的山神，但泰山是中國第一神山，絕非一般山岳，東嶽大帝除了統轄五嶽及天下諸山外，是道教地府的最高神明，連十殿閻羅也歸祂管轄，絕非城隍等級。

另外，城隍爺雖然鐵面無私，但其實也很關心百姓的婚嫁，臺灣古蹟級的城隍廟幾乎都設有月老祠，此外，城隍夫人最喜歡發揮婦道人家本色為人牽紅線，為嚴肅的城隍廟增添了許多浪漫，當然也成了城隍廟的另類業務，見「月下老人」章。

城隍爺的祭拜

城隍爺的祭拜同一般祭祀，城隍爺沒有王爺及千歲那麼凶，但也是官署衙門，強調肅靜，所以祭拜時不宜喧嘩，免得挨差爺們的板子。城隍廟因為差爺眾多，祂們可不是吃素的，祭拜時不以素食為主，但所謂「呷魚呷肉也要菜吤」，所以如果祭祀蔬果，當然也是無妨的。

隨著時代進步，一些拜拜禁忌在其他正廟都可以放寬（佛寺則全無禁忌），如女人月事、服孝期間、生重病、懷孕、坐月子等，不過相傳城隍廟同時主持冥界與亡靈事宜，雖然城隍爺會在不同的時空處理不同事務，不致干擾陽界，但還是有人建議以上人等因為氣場較弱，還是先避開為宜，僅供參考。

此外亦有一說，城隍廟（包公廟、地藏廟）日審陽、夜審陰，所以夜間城隍廟雖然已經關門，但裡面夜戲才正在上演，所以就不要探頭探腦了，以上亦供參考。

另外，農曆七月城隍爺忙著冥界事務，可以拜城隍廟嗎？其實，只有一個原則：廟門開著，就是要讓人進去；廟門關著就不要探頭探腦，不管煞不煞，總是沒有禮貌。有些廟宇農曆七月不開，如果農曆七月城隍廟有開，當然就可以進去，這個原則適用各種廟宇。

愛土、愛鄉、愛人

城隍爺雖只是縣市級官方守護神，但祂的信仰卻不輸於大帝級的神明，只是分散至各地方，因為每個地方城隍爺聖誕不盡相同，所以有各地輪流作醮，相互宴請參拜的情誼交流，可見百姓對土地、家鄉、人情的熱愛與投入，而這其實也才是崇尚城隍爺的真正意義。

二十四司職務表

以陰陽司為代表，有設司者至少有陰陽司、速報司、巡察司三司。

職務	司別	執掌
主管	陰陽司	二十四司總主管
人鬼報到	速報司	收發通報命令與亡者、冤魂訊息
	來錄司	亡者、冤魂至城隍廟報到之登記
	事到司	亡者、冤魂至城隍廟報到後之處理
	監獄司	亡者、冤魂於城隍廟停留期間的管理
人鬼功過審定與執行	功曹司	記錄人、鬼特殊的善行義舉
	功過司	記錄人鬼功過
	刑法司	法令與命令之彙整與管理
	賞罰司	依人鬼功過，初定應得之獎懲
	見錄司	登錄城隍審核過的人鬼善惡功過
	註福司	執行有功賜福
	罰惡司	執行有過刑罰
地方犯罪防治	巡察司	陰陽兩界巡邏盤查

地方犯罪防治	察過司	追察紀錄為惡之人鬼
	警報司	訓導、警告不法人鬼
	賞善司	褒獎、獎賞善良人鬼
地方行政事務	改原司	遷出、遷入人鬼之登記
	保健司	促使地方瘟病減少，百姓安康
	人丁司	促使人口增多、鬼籍減少
	瘟疫司	依上級命令執行施放瘟疫
內部行政	庫官司	廟方財務管理（百姓燒祭之紙錢等）
	感應司	記錄人鬼祈禱事項，轉呈核決
	功考司	廟裡差爺工作狀況績效考核
	記功司	執行差爺績效考核後的記功事宜

資料來源：作者整理、分類

土地公

——最親民的福德正神

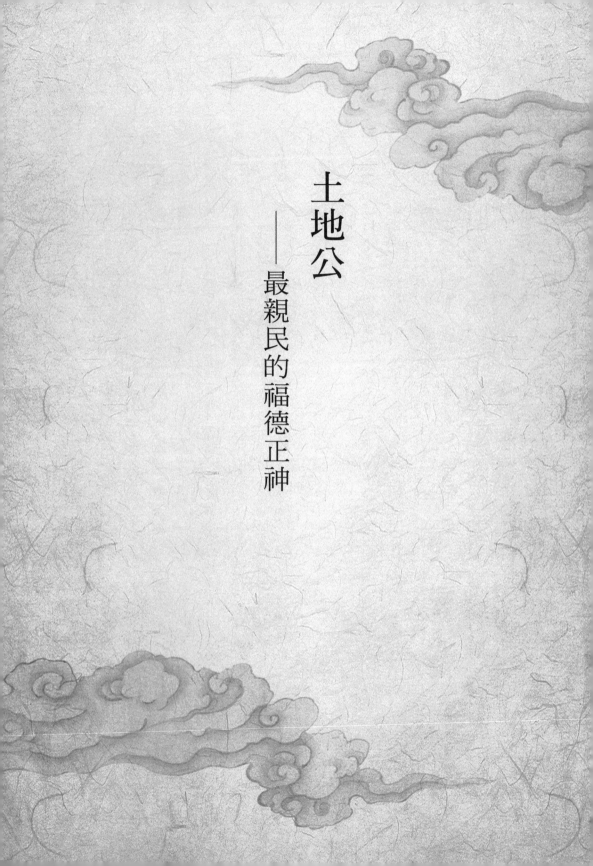

無所不在的土地公

福德正神百姓暱稱為土地公或伯公仔，是民間最常見、最親切的神，也是道教中最基層的神明，因為平易近人，所以大部分是以長者員外的形象出現，不著官服，不擺官腔，不過可不要因而認為祂沒有神階，所謂福德「正神」，就已經說明官雖小、人雖親，但還是個「正神」，所以有人將土地公歸為陰神，當然是錯的。

全臺有登記的神廟，數目最多的便是土地公廟，「廟」是對祭祀建物的通稱，嚴格說來，應該是「土地公祠」，也就是村里等級的祀廟，而這還不包括未登記的，早期物資缺乏，土地公祠就在大樹底下用幾塊石頭與石板簡單堆疊而成，隆重一點的，則有一張茶几或矮桌大小的磚屋，因為簡單隨和，所以處處可見，臺諺說：「田頭田尾土地公。」除了表示土地公巡頭看尾外，也說明祂們無所不在，土地公化整為零，螞蟻搬象的龐大力量絕對無法忽視，如果有個「全國土地公總工會」，力量應該足以左右玉皇上帝的政策。

土地公的由來源自對土地的自然崇拜，而土地一定又會跟農作物相關，兩者是結合的。根據《禮記．郊特牲》記載，周朝就開始祭祀八種土地農作神，稱為「八蜡」，其中「郵表畷」是田間小亭之神，應該可視為土地公祭祀觀念的前身（見「盤古、伏羲、神農」章）。

另外，《左傳》：「社稷之神為上公。」其中「社」是大地之神，「稷」是天下五穀之神，國家也稱為「社稷」，可見其重要性，周天子每年要祭祀社稷兩次，是中央級的大祭祀，就跟祭天一樣，後來在國家級信仰裡，大地之神發展成后土（承天效法后土皇地祇），後又發展成道教的地母，而天下五穀神就發展成神農大帝。

❖土地公祠的廟中廟

早先，先民在大樹下用幾塊石頭或小磚就搭一個土地公祠來祭拜，後來改建時為了保持原貌，就把原廟也保留在新廟裡，或把原龕置在新龕裡，形成現在土地公祠常見的廟中廟景象。

臺灣目前可見的廟中廟，有新北市烘爐地南山福德宮、九份福山宮、臺中牛埔仔土地公廟、朝化社頭張厝土地公廟（永安宮）等等。

這個土地與農作結合的信仰一直持續到清朝，而且也因為百姓的信仰與祭拜而鄉里化，清《淥水亭雜識．卷二》就提到：「建置官署，必立土穀祠。」土穀祠就是社稷祭祀的基層化，「土」指的是鄉里的土地公，「穀」指的是聚落的五穀神。

隨著時代商業化，土地神就從社稷裡分離出來的，當然祂也會保佑農作豐收、六畜興旺，不過功能範圍更廣，諸如聚落綏淨、闔府平安、百業旺盛、生意興隆、助人發財等，不再侷限於農作。

到了今天，人民認知中的土地公，不但是村里級的守護神，相當於村長、里長，甚至也是城隍爺的「樁腳」，因為祂離百姓最近，所以情資最清楚不過，而且拘提或相請亡魂到城隍廟報到時，有時也需勞煩土地公帶路、作陪。

此外，不管廟裡、家裡、墳墓、亡靈……祭拜時也都會附帶燒一些四方金給土地公，感謝祂巡頭看尾以及帶路等。

里長伯仔土地公的演變

由土地崇拜，演變成土地神、土地公似乎是很自然的事，但必須注意的是，土地神由大而小，有：后土或地母（大地）、城隍（縣市）、王爺（聚落）、境主神（鄉區）、土地公（村里），管轄區域、類型不盡相同，土地公是指最基層的土地神，所以並非典籍記載為土地祭祀、土地神、土地爺的就是土地公，不可憑京當馬涼。

現在基層土地公是員外老爺（象徵親民有福德）、手拄枴杖（象徵地方宿耆）的造型，最晚誕生於宋朝，廈門仙岳山土地公宮，根據記載是初建於宋朝，而且宋朝時可能就有皇帝敕封土地公官銜，南投縣鹿谷鄉清水村福德宮的土地公金身，據學者判斷，應該源於宋朝，而且左右還配祀文武判官，應該接受過宋真宗冊封。

到南宋之後，有的土地公祠就多了土地婆，漢族的天神是不能戀愛交媾的，不然就會因為有情慾而墜入凡間，這是自然法則，倒不是像民間故事說的，戀情被舉發後，被玉皇上帝打落凡間。同樣的，王母娘娘為玉皇上帝夫人，也只是民間傳奇唬弄的。但城隍爺、土地公是人間神職的職稱，由不同的賢靈調任，並非天神（但為正神），所以凡人便順理成章的認為祂們應該要有個夫人，尤其元朝皇帝還曾賜婚京都城隍爺（見「城隍夫人」一

中國民間民俗版畫中的土地公畫像。

章），相較之下，土地公這樣親近百姓的伯公仔，幾乎跟人類沒有距離，有個伴似乎也更符合人間的家庭倫理象徵，而一些地方傳出土地公主動託夢要娶土地婆的故事也時有所聞。

明朝可說是土地公廟全面展開的時期，據明朝《琅玡漫抄》所說，明太祖朱元璋出生於一座小土地公廟裡，所以登基後便在各地遍蓋土地公廟，這當然無從考證，不過明朝時土地公廟非常興盛倒是可以確認的，就連明朝《西遊記》也寫到，孫悟空三不五時就把當地土地公調出來打聽情資，還有學者統計，《西遊記》裡出現頻率最高的角色，除了五位取經主角外，便是土地公，可見明朝時土地公信仰已經相當普遍且深植民間了。

土地公的老婆、兒女和座騎

漢族民間的信仰習慣是，大多會給神明增添一個名字、幾個身世，還有許多故事，以人格化來增加祂實際存在過的「可信度」，以增進信仰，這遭遇連玉皇上帝都不能倖免，土地公當然也被編出一些傳奇，其中最符合土地公基層公僕身分的，應該是「家僕說」：周朝時有一位官宦人家的僕人張福德，因為主人外出任官，冬天大雪時為了保護主人幼女而凍死，因其忠心，所以被天帝封為土地公。這當然是個傳說，周朝時土地公還沒出現，而「福德」二字指的是，這個職位是由有福德的靈魂來擔任，並非人名。

至於土地婆當然也有故事，表現的正是漢人眼中婦道人家眼光狹小的偏見。話說，有次玉帝問土地公和土地婆兩人「政見」，土地公是儒家理想主義者，便說要人人都賺大錢；土地婆卻說，貴賤自取，如果人人都有錢，那誰來抬轎子、誰來挑大便？因此，百姓都喜歡土地公，不喜歡土地婆，所以讓土地公坐中間大位，土地婆坐旁邊小位。不過，一山本來就不容二王，**土地公是主神，土地婆是配祀，本就該坐小位**，有些土地祠將兩者塑成一樣大小並坐，反而是錯的，漢族數術裡，奇數屬陽，偶數屬陰，所以正神應該奇數尊，不能偶數尊。

城隍爺相傳有兩位公子，至於土地公、土地婆這對「老尪老某」，民間倒是未傳出有子女，不過民間傳說，蛇是土地公的兒女，因為蛇沒有腳，全靠腹部在土地蠕動而移動，所以跟土地最親，其中黃頭蛇（草尾仔蛇，學名草腹鏈蛇）便是土地公兒子的化身，俗稱土地公蛇，因為黃頭蛇性情溫和、無毒，還會吃掉蛙類與昆蟲，被視為莊稼的「益蛇」；一般的雌蛇則被視為土地公的乾女兒，雄蛇則是祂的使者。

臺灣土地公名廟南投竹山紫南宮於一九八〇年開挖整修時，竟然發現地底下有一個藏有千隻草花蛇的蛇穴，廟方請教地理師，說這裡是蛇穴靈地，這些蛇是土地公的護衛，所以蛇穴就沒有封死，只是上了鎖，增添許多宗教傳奇氣氛。

土地公的座騎是虎爺，許多土地神都是以老虎為座騎，以便巡視鄉野以及驅逐妖孽，譬如城隍爺、王爺等，所以祭祀土地公時，應該注意供桌底下是否有虎爺，若有，以雞蛋祭拜即可。

百姓的寄託——求財、調解、守墳

土地公除了上述的工作外，還肩負幾個百姓的寄託，首先是求財。土地公之所以變成財神，一般的說法是，因為祂會保佑農家五穀豐收、商家生意興隆、民家六畜興旺，如此自當會有一筆安定的安家之財。

不過，更深入的說法應該是，漢族相信「有土斯有財」，所以土地公便是土地財神，保佑黎民買田立厝，如此家族便能越來越富有，所以很多人會在家裡擺設土地公來祭拜。

此外，凡是土地神都有司法（官司）的功能，土地公類似地區調停委員會主委，鄉里小事不用鬧到法院打官司，請土地公作主就可以了。

土地公另一個任務便是看護先人墳墓，現在墳墓前都會設一個「后土」的小石牌，民間傳說那便是土地公，掃墓時都要先祭拜「后土」以茲感謝，之後再祭祖。不過，說「后土」是土地公可能還有待討論，因為后土全名是「承天效法后土皇地祇」，是整個大地之神的意思，所以墳墓后土的用意，應該是指亡者葬於大地、歸於大地，承蒙大地之神的照顧；此外，有的習俗會在后土另一邊做「龍神」的小石牌，龍神在此指的是整個山脈走勢風水的神格化，也是大格局的神格，在此用來保護墳墓的堅牢與風水。所以，后土應該不是土地公，不過土地公有對轄區裡的墳墓巡頭看尾的任務，應該是可以確定的，因為終究那是祂轄區裡的事務，有的墓區還會特別塑立土地公神像或土地公廟來守護墓區，可見土地公是會看守先人墳墓的，所以還是要謝謝祂啦！

拜好神——臺灣三大土地公廟

臺灣土地公廟，以北部**新北市南山福德宮**、中部**南投紫南宮**、南部**屏東車城福安宮**為代表，稱為「臺灣三大土地公廟」。有趣的是，人們是把三大土地公廟當成財神廟在拜，二〇一五年網路調查十大財神廟，它們囊括了前三名，分別為第二、一、三名。

新北市烘爐地南山福德宮是北部知名廟宇之一，該宮的土地公甚至被稱為「土地公王」，清朝乾隆年間以簡單的石板堆疊成祠，祭祀由漳州府紹安縣帶來的土地公香火，因為靈驗，所以歷經改建，終成今日規模，當初的石板祠現在還保留在廟裡。南山福德宮主祀土地公，財神爺玄壇真君與文昌帝君等反成了配祀。其最大的景觀便是在一九九六年營建的一百零九尺高土地公大神像，立於山巔守護大地，在平地就可遠遠望見。有些人將南山福德宮視為陰廟是個誤解，因為本廟二十四小時開放，所以很多特殊行業者會晚上來此祭拜，加上另一山頭便是春秋墓園，所以才令人膽小者生疑。

南投竹山紫南宮建於清乾隆年間，宮內有土地公、土地婆，還有百年的石製香爐和石頭公，因為借發財金給信眾而極富盛名，成為觀光市集，每日遊覽車絡繹不絕，加上沿途的南投美景與廟方周邊遼闊的田園風光，真是令人心曠神怡！紫南宮的服務中心前還有一隻碩大的「紫南宮金雞」，不但會生金蛋，還可供人撫摸求財、貼金雞金箔。紫南宮土地公已經完全財神化，二〇一五年當選網路票選「羊年必拜十大財神廟」榜首，來此祭拜之餘，也可再去竹山老街逛逛，是完整的一日遊！

屏東車城福安宮前身敬聖亭建於明鄭時期，後來瘟疫流行，便從中國迎來土地公祭祀，歷經改建後，目前共有六層樓，完全是大廟格局，號稱東南亞、甚至是全世界最大的土地公廟。清朝名將福康安在車城先後平定莊大田和林爽文之亂，所以乾隆皇帝賜封福安宮土地公，現在土地公神像不但大尊，而且著王冠、龍袍，位比王爺，「神氣」非凡，可謂是全臺神階最高的土地公。而廟前的兩隻大型石獅，也是全臺罕見的純石雕石獅，是稀有的傳統工藝。

榮耀升級的土地公

除了特別事蹟受到朝廷、道教敕封外，民間流傳如果地方子弟考上進士，所在地的土地公可以戴上官帽，這官帽稱為「宰相帽」，和王爺帽有所區別，這時，祂就不是村里長，而是王爺或城隍爺等級了。

新北市蘆洲區的土地公王，是蘆洲區最早的土地公，管轄十九個里，轄區占蘆洲區之半，但因為馬路拓寬工程土地公祠被拆，以致金身在外寄放二十多年，但仍於地方廟會時擔任重要角色，所以被稱為土地公王。二〇一三年，地方人士找到廟地重建土地公廟，並於該年農曆二月二日土地公王生日時，請嗣漢天府第六十四代張天師為土地公王進行晉陞法會，上疏天庭封為伯爵（神階相當縣級城隍），張天師是除了皇帝之外唯一可以敕封神明的人，所以這個神階是被道教承認的。

彰化花壇鄉白沙村文德宮，建於清康熙年間，是臺灣罕見的烏面土地公，相傳清道光皇帝時，因有「開臺翰林」之稱的子弟曾維楨高中進士，所以皇帝敕封土地公為「欽點翰林院」、「賜進士出身」，文德宮的土地公會出巡，行城隍爺職務，不過，這些官銜可能是曾維楨的功名，是他把榮耀獻給土地公。

宜蘭四結福德宮有全臺最高的屋頂銅雕土地公像（神像高二十公尺、基座十八點二公尺，總高度為三十八點二公尺，等同於十二層樓之高），主祀的土地公也是王爺造型；另外，嘉義市北安宮、雲林斗南小南天福德祠、南投草屯慶安宮、臺中犁頭店福德祠、苗栗竹南保民宮、新北市九份崙頂福山宮等等的土地公都是加等過的，但尚查無敕封紀錄。

雖然土地公這頂王爺帽可能是信徒戴上的，可是如果神力不夠，還是不能隨便亂戴，相傳南投市內轆福德宮，二〇〇七年爐主幫土地公兩度戴上王爺帽，翌日就發現王爺帽被放置一旁，經擲筊請示後才知道，土地公自認官小，不敢踰越身分「帽」犯王爺，百姓無不嘖嘖稱奇，可見神界也很講究「官場倫理」的。

土地公的祭拜

土地公官銜雖最小，但因為最接近百姓，所以祭拜的情況反而最頻繁。民間習俗，一般人家每月的農曆初一與十五會準備豐富一點的菜餚祭拜祖先神主牌，後來便與土地公一起祭拜，而商家為了與民家區隔，便選定初二與十六。

商家拜土地公稱為「做牙」，「牙」這個字的由來說法不一，有說是商業模式裡的居中介紹人，有說是祭旗時旌旗上面的獸牙，有說是古代以象牙祭奉祖先，有的說法更直接，祭拜時有好料理可以祭祭牙齒，打打牙祭。後來社會商業化，就都把**祭拜土地公稱為做牙，農曆二月初二土地公生日為每年祭拜土地公的開始，稱為「頭牙」**，十二月十六是最後一次，稱為「尾牙」，已變成全民活動，不分農家、民家或商家了。

相傳以前雇主年底要解聘員工不好意思明講，就把雞頭對準某個人，來做為告知，這頓飯還吃得膽戰心驚呢，所以好心的雇主一開始就會把雞頭朝上，免得大家食不安寧，不過現在尾牙已經變成各組織機構普遍的歲末聯歡忘年會，歌舞表演與豐富大獎抽不完，可謂賓主盡歡呢！

除了重大節日祭拜土地公必須三（五）牲四果外，其餘時間，一般菜飯即可，漢族民間習俗，階級越低的神明供品越生活化，以示親民，也才不用每月兩次都要大費周章。

不過，土地公是老者，有些老頑童的習性，尤其喜歡酒（久）、花生（生）、麻糬

（黏）等庶民美食，除了美味還意思吉祥。此外，老人家返老還童，喜歡甜食，所以也可以拜甜粿、糕點、糖果、米粩等，但老人家牙齒不好，供品還是選軟一點的為佳。

最小的大神，別忘拜碼頭

土地公職位雖小，但卻是人民見到頻率最高、負責事務最多、與百姓接觸最親密的正神，所以凡事可求。土地公一般以里為區分，但有時一里有數個土地公，有時數里共祭一尊，只要祭拜方便、感覺有緣即可，人間現在已經做到網路連線跨區服務與業務整合，土地公自然也有這種功能，對於住家與工作所在地的土地公千萬要記得去「拜碼頭」喔！

王爺公

——民間各級的男性神尊

有「神」就是王爺

「王爺」，是民間對非帝級男性神明的普遍尊稱，上自皇帝（如唐玄宗西秦王爺）、王侯將相、家鄉賢人，下至鄉野大鬼，都有人稱呼王爺，就如武職神明，不論職階高低，民間都泛稱「將軍」一樣，以致上自天庭軍事首領，下至地方城隍廟的差爺，乃至鄉野大鬼，被神化後都普稱為將軍。

臺諺打趣說：「大仙王爺公，小仙王爺仔。」可見王爺種類與數量之多，因為「王爺」一辭包含的對象眾多混亂，所以須就定義來釐清男性神尊的稱呼，整理表格如下（神階由上而下）：

男性神明等級及稱謂

分類	神階	功能
中央及省級主神	天尊、上帝、大帝、帝君、真人（真君）、王、公、侯	朝廷承認的正神
		道教承認的正神
護法神	靈官、天君	五大靈官統領三十六天君，為天庭禁衛隊
	元帥、將軍	四大元帥統領三十六天將（同三十六天君），為護法神
六部神	元帥、將軍	雷部、火部、瘟部、斗部、太歲部、隨斗部，為作戰單位
保境神	城隍爺、土地公	朝廷及道教編制各地方級神明

保境神	王爺、千歲、尊王、聖王、國王、元帥、將軍	非朝廷及道教編制地方級神明
	元帥、將軍	五營神將
副將、執事	將軍、師爺	主神之輔手
民間信仰	非以上編制之歷史／傳奇／鄉野人物、天地山水萬物泛靈崇拜人格化	被民間視為神明祭拜
	巫術人員、鬼道、陰靈、各種天地瘟煞等大鬼	被民間視為大鬼祭拜，是為「淫祭」，不列為神明
備註	民間信仰與傳奇雜沓，編制與稱謂混亂，同一尊神明可能有多種身分和稱呼，譬如趙公明為財神爺，又被視為趙元帥、趙王爺，有中央神、護法神、被百姓視為保境神等多重身分。 又如鄭成功是中央與省級的王爵（開臺聖王），但也被居民視為保境神王爺。	

說明：

1. 民間信仰的神明，可能因信仰廣泛被敕封而逐漸往上升等。
2. 「淫祭」為大鬼祭拜，因不合倫理禮儀，所以被朝廷和儒家禁止，因東南一代離中原較遠，所以淫祭十分流行，《舊唐書．卷八十九．狄仁傑》：狄仁傑擔任江南巡撫使時，廢禁淫廟一千七百餘所，之後宋、明、清掃除淫廟亦不餘遺力。

3. 某些正神，是因信仰廣泛而由大鬼逐漸往上升等，如五方瘟鬼（五福大帝）。

誰才是正牌王爺？

王爺稱呼對象雜沓，但嚴格來說，**「王爺」定義指的是：非城隍爺與境主神的地方（鄉鎮區縣市都）保境神**，城隍爺與境主神是一個職務稱謂，等同都、縣、市長或區長，不專指某人（見「城隍爺」章），但地方守護神的王爺卻是專指某人，因地方的姓氏、功能、區域關係等，而被崇拜強化為保境神。

以下本文所說的王爺，都是指保境神王爺，來源有下列幾種：

1. **既有的神明崇拜**：如岳府千歲（岳飛）、李府千歲（李靖）。
2. **歷史與傳奇的賢人**：因姓氏的關係被同宗聚落祭拜，如周府千歲（周瑜）、薛府千歲（薛仁貴）；因功能的關係被地方祭拜，如溫府千歲能保佑海上船隻；因區域的關係被地方祭拜，如鄭府千歲（鄭成功）流行於臺南府城。
3. **地方神靈崇拜的提升**：如廣澤尊王、五府千歲。
4. **地方山川土地信仰的神格化**：如青山靈安尊王、三山國王。
5. **地方大鬼崇拜的提升**：如五方瘟鬼（五福大帝）。

此外，有六種情況雖偶有建廟祭拜，但因信仰未展開，沒有列入保境神王爺：

1. **歷史賢人未廣及為保境神**：古時聚落多為同姓群居，並選擇該姓氏的賢人祭拜，但只限於該姓聚落，如程九千歲（程咬金）。
2. **家鄉賢人未廣及為保境神**：如王太保（王得祿，清朝臺籍人士官位最高者）。
3. **主神副手未廣及為保境神**：僅限於某區域或族群祭拜，如開臺聖王部屬陳將軍（陳永華）、開漳聖王部屬輔順將軍（馬仁，馬千歲）與輔義將軍（倪聖分，倪千歲）等。
4. **小傳說未廣及為保境神**：如三百六十進士。
5. **行業守護神**：如戲曲之神西秦王爺（唐玄宗）及各行祖師爺。
6. **大鬼未獲朝廷及道教承認為正神**：如八里廖添丁、基隆老大公（無名骨骸）、狐仙等。

三百六十進士與三十六進士

三百六十進士來源傳說眾多，但皆不盡合乎情理，根據筆者推測，三百六十進士應該是配合一年三百六十天的神格化，猶如《封神演義》封三百六十五位正神、六十甲子被神格化為六十太歲、十二紀年地支被神格化為十二天王一樣。

三百六十進士因為人數太多，後來簡化成三十六進士，成為溫王爺的夥伴，後來被其他王爺借用。

而民間三十六府王爺之說，應該也是從三十六進士轉換而來，並象徵三十六天罡代天巡狩（代天巡狩為民間相傳王爺的職責）。

無處不在的保境神王爺

臺灣因為是漢族移民殖入的地區，所以隨著移民而來的各處保境神王爺種類非常的多，其發源地以福建為大宗，在臺灣以南部的雲嘉南高沿海地區分佈為主，所以有「北城隍、中媽祖、南王爺」的說法。

臺灣的保境神王爺究竟有多少？

民間傳說「三十六府王爺」，但顯然不止此數，**據《臺灣各縣市寺廟名冊》（一九八七年）所列，臺灣王爺有一百三十二姓之多，全部王爺廟總合起來，在不包含土地公祠的情況下，全島不含臺北、高雄兩直轄市，共有一千三百三十座，為全國之冠**，遠超過亞軍的媽祖廟六百七十二座近兩倍，可見王爺是一個龐雜分散但群聚勢力雄厚的信仰，所以民間戲稱「三月瘖媽祖、四月瘖王爺、六月瘖關公」為三大慶典。

臺灣最常見的保境神王爺簡單列表如下：

臺灣最常見的保境神王爺

稱呼	聖號	姓名（身分）	說明	最高神階	發源地	類型
千歲	溫府千歲	相傳唐朝救駕有功賜進士出身的溫鴻（傳奇賢人）	獨立祭祀的千歲	民間傳說代天巡狩	泉州、漳州	賢人崇拜

千歲	五府千歲	唐朝開國大臣李大亮、池夢彪、吳孝寬、朱叔裕、范承業（歷史加傳奇賢人）	成員不一，又常簡化為三府（李、池、朱）	民間傳說代天巡狩	漳州	賢人崇拜
千歲	五年千歲（註）	相傳為伐商的十二天王，民間有時誤認為十二瘟王（十二宮辰人格化）	因首尾每五年做醮一次，故稱五年千歲	民間傳說代天巡狩	泉州	自然崇拜
瘟鬼	五福王爺	五路瘟神（五瘟鬼人格化）	又尊稱五福大帝、五瘟大帝、五靈王爺	民間認為等同城隍爺，清朝視為淫祭	福州	瘟神
聖王	開臺聖王	明朝鄭成功（歷史賢人）	臺灣文明開發者	明朝敕封延平王	臺南	賢人崇拜
	開漳聖王	唐朝陳元光（歷史賢人）	漳州刺史（州長），對福建、廣東開發貢獻極大	宋朝敕封靈著順應昭烈廣濟王	漳洲	
尊王	靈安尊王	張將軍，五代閩國張悃（歷史賢人結合山神）	福建惠安縣青山守護神	明朝敕封青山靈安尊王	泉州	賢人結合山神崇拜
	廣澤尊王	後唐得道的郭洪福（歷史賢人結合山神）	福建南安鄉郭山守護神	清朝敕封廣澤尊王	泉州	
	保儀尊王	唐朝名將許遠及張巡忠臣合稱（歷史賢人結合山神）	福建安溪縣大坪守護神	明、清分別敕封忠靖靈祐尊王、順靈著尊王	泉州	

國王	三山國王	連傑、趙軒、喬俊（山神的人格化）	廣東揭西縣河婆鎮巾山、明山、獨山三座山的山神	相傳宋朝敕封：清化威德報國王、助政明肅寧國王、惠威弘應豐國王	潮州	山神

註：原本學術定義：十二瘟王每五年一祭，故稱五年千歲。但這定義在對象、身分、年份上等，可能有很多地方需要釐清，見「五年千歲」章。

保境神王爺信仰屬於各個不同地方的信仰，所以龐大紛雜，且民間信仰本來就不受拘束，包羅萬象，又交互影響吸納，因而更為複雜，**日據時代的日本學者將王爺視為瘟神，這個觀點被後來的臺灣學者沿襲**，另外又流傳點點滴滴的紛雜說法，均需做釐清：

1. 王爺是瘟神？保境神王爺有很多來源、功能與類型，由瘟鬼晉升上來的佔比很低，雖然後來保境神王爺因為百姓需求而與驅瘟結合，但不能因此以瘟神或瘟鬼來通釋為保境神王爺信仰的由來。

2. 王爺有姓沒名？出自歷史與傳奇賢人的王爺當然有名有姓，百姓慣稱〇府王爺或〇府千歲，是不敢直呼名諱，但有些王爺可能因時間久遠名字被遺忘，所以只稱呼〇王爺或〇府千歲，見附錄（二三二頁）。**沒有名諱的王爺有二，一是自然崇拜的神格化，如十二天王（瘟王）、五福大帝（五瘟鬼）；二是集體大批出現，且來源眾說紛紜，如三百六十進士或三十六進士**。以上兩者一開始就缺乏姓名的史料記載，因而沒有名諱。

3. 王爺又稱千歲？王爺有很多稱謂類型，千歲是其中一種，所以王爺並不全部又稱千歲。
4. 王爺都代天巡狩？只有稱號為千歲的王爺才代天巡狩；尊王、國王則常行使城隍職務。
5. 王爺有偶數組合？王爺很多時候是以組合的方式出現，組合的成員會因地域不同而稍有差異，但還是有「主流」的組合，以李、池、吳、朱、范、溫、蘇、邢、蕭九姓居多。組合中以三府、五府千歲為主，七府、九府千歲亦有所見，但是以奇數為主，因為漢族界定奇數屬陽，偶數屬陰，故神明擺奇（陽）數尊，少數主祀者不清楚儀禮，才會以偶數組合出現。
6. 〇府千歲可能不只限定於某個人：因為王爺對象眾多，姓氏有重複現象，比如李府千歲就有李靖、李白、李大亮、李勇、太白金星等等，祭拜前可先釐清。

王爺是瘟神還是驅瘟神？

為何王爺會和瘟疫有關？因為古代瘟疫流行，動輒病亡無數，被視為和火雷、洪水一樣可怕的天災，所以驅瘟除疫便成為古代從中央到民間的重要宗教活動。

驅瘟除疫的儀式早在商朝甲骨文就出現了，稱為「儺儀」，《周禮・夏官・方相氏》專門記載儺儀，可見其重要性！

驅疫儀式歷經各朝代變革，大多已經融入各種宗教活動中，如祭祀、建醮、遶境、陣頭等，現在只剩西南山區雲貴部落還流行儺儀，而東南沿海的驅瘟儀式則主要表現在千歲信仰上。不過，驅瘟並非王爺的專利，任何神明都有驅瘟的功能，但因送王船儀式太風行，才引人誤解，譬如二〇一五年九月臺灣臺南天狗熱（登革熱）防疫失守，於是在該年中秋節前夕臺南有七百餘家宮廟擇吉時一起鳴炮，並由三十家宮廟繞境三天驅瘟，不過時代終究不一樣了，不能只靠神力，所以沿途也有宣傳車宣導「巡、倒、清、刷」四大防疫要點，政府也已投入瘟戰。

自日據時代起，臺灣保境神王爺便被日本學者認為是「瘟神」，王爺慶典被認為是祀祭安撫瘟神，而「送王（送王船）」則被認為是送瘟神離開，以便瘟病遠離。這個「瘟神說」被後來的臺灣學者接受，並補充說明，安撫、送走瘟神後來演變成祭祀保境神王爺請其驅瘟、保佑闔境平安等多重功能。

但「瘟神說」顯然是以偏概全，首先，保境神王爺只有少部分是瘟鬼演變而來，絕大部分是歷史或傳奇賢人，臺灣王爺的「瘟神說」，是將最強調建醮驅瘟的「千歲信仰」誤當成整個王爺信仰，而且又以十二瘟王當成千歲信仰代表的結果。

再者，古人確實認為瘟疫是由精怪或天地鬼煞散布的，但這是民間信仰，而非道教教法，道教教法是天庭六部（見第一節「六部神」）中設有瘟部，掌管瘟疫，聽令散佈瘟疫；又據《封神演義》記載（之後被道教採納），瘟部有一位主宰、六位行瘟使者，屬於正神，負責對人間降瘟。保境神王爺並不隸屬瘟部，所以並非瘟神，而民間所謂的瘟神或瘟鬼散布瘟疫，亦非行瘟六行者，這只是民間信仰的看法。

由前面的表格可知，「少部分」五年千歲、五福王爺一開始被民間認為是瘟神，所以需加以祭祀安撫，符合「瘟神說」，但其餘大多數是由歷史或傳奇賢人、山神變成保境神王爺的，並不是瘟神，而且是被祭祀來鎮瘟、驅瘟的，並不符合「瘟神說」。

另外，從瘟神演變過來的瘟神王爺和其他保境神王爺，在稱呼上民眾就做了區隔以資辨認，譬如，**五路瘟神的五福王爺全稱分別是：顯靈公張元伯、應靈公鍾士秀、宣靈公劉元達、揚靈公史文業、振靈公趙公明，全以「〇靈公」為頭銜**，而非〇王爺或〇府千歲，「靈公」並非朝廷和道教的封號，而是幽靈的尊稱，如地基主又稱地靈公，並非正神，而是曾經生活附著在土地上的靈，所以五福王爺在稱謂上就明顯表現祂是瘟神。因此，從稱謂上就可以很清楚地判斷，一般王爺並非瘟神系統。

話說回來，能鎮瘟、驅瘟的並非只有王爺，譬如臺南鹽水蜂炮就是請關聖帝君出來驅瘟，而媽祖遶境、炸寒單等宗教活動，驅瘟也是其中主要的任務之一，但可能因為王爺信仰大多起源於福建，在地域相近信仰交流下，一開始保境神的王爺受到「瘟神說」的影響，被蒙上瘟神色彩，但後來在神明崇拜的心理下，又都神格化為有強大鎮瘟、驅瘟功能的保境神。

美麗的寶島，王爺的溫床

驅瘟除疫自古以來即為重要的宗教活動，臺灣又是亞熱帶海島，氣候潮濕悶熱，最易流行瘟疫，清朝李鴻章割讓臺灣給日本時便說，臺灣是「瘴癘之地」，割之可也，所以臺灣地方信仰的王爺驅瘟便特別盛行。

臺灣除了接受移民攜入的保境神王爺驅瘟文化傳統外，西南沿海更時常撿拾到福建泉州南門富美宮送王漂流過來的王船（據調查，富美宮是中國唯一定期送王的廟宇，因而有閩臺王爺總廟之稱），臺灣西南沿海民眾拾獲後，因敬畏心理便加以祭祀，臺灣千歲的送王習俗因而非常興盛。

另一個說法是，臺灣的送王船分成火化（遊天河）及放諸大海漂流（遊地河），結果坐有驅瘟千歲的王船漂流一陣子後，便會在西南沿海一帶靠岸，此時當地的居民因敬畏便建廟加以祭祀，這也是驅瘟千歲在西南沿海特別流行的原因。現在臺灣的王爺文化已經與中國的王爺大不同，不但在臺灣寶島發揚光大，甚至變成國定民俗。

瘴癘之地上的祖先

因為俗稱的「王爺」對象包含眾多、傳說紛紜，因此王爺論述雜亂無章，所以需加以分類釐清，並以民間崇拜的保境神王爺為主要介紹對象，如此才能對王爺信仰有正確的掌握。

現在醫藥發達，祭祀保境神王爺驅瘟的功能似乎降低了，但這個文化代表的並不是觀光或迷信，而是緬懷前人在這塊瘴癘之地上，如何胼手胝足、篳路藍縷以啟山林，當我們記得祖先的血淚和精神，自然會更加懂得珍愛這塊用生命換來、得之不易的土地，並將它再完整地留傳給子孫。

附錄：常見王爺名單

臺灣常見王爺有：三府王爺（李、池、朱）、五府王爺（李、池、吳、朱、范）、七府王爺（蕭、蘇、邢、沈、羅、池、朱）、富美七府（章、韓、雷、狄、邢、金、池）、文興七府（龍、天、張、劉、沈、蘇、林）、文興四府（蕭、刑、沈、廉）、邢府七千歲（盧、邢、周、殖、王、郭、賈）。

此外，還有林林種種的各府王爺。筆者蒐集各方名單如下，因王爺說法雜沓，僅供參考：

溫府王爺：溫鴻、溫嶠。

李府王爺：李大亮、李泌、李白、李靖、李哪吒、李德裕、李辛陽、李柏瑤、李勇、李光前、太白金星、李翰。

池府王爺：池夢彪、池然、池文魁、池連陞、池德良。

吳府王爺：吳孝寬、吳普、吳潛、吳懿、吳友。

朱府王爺：朱叔裕、朱參。

范府王爺：范承業、范錦祥、范仲淹。

蘇府王爺：蘇永盛、蘇碧雲、蘇得化、蘇東坡、蘇緘。

邢府王爺：邢蒯瞶、邢鵬。

蕭府王爺：蕭望之、蕭何。

趙府王爺：趙子龍、趙玉、趙公明。

馬府王爺：馬仙池、馬雄、馬陵、馬亮、馬援。

姚府王爺：姚賓、姚期、姚文二。

謝府王爺：謝玄、謝安、謝馬力、謝石。

郭府王爺：郭子儀、郭長成、郭最。

伍府王爺：伍子、伍雲召、伍縣令。

羅府王爺：羅倫、羅一峰、羅士吉。

白府王爺：白起、白孝德、白鶴童子。

蔡府王爺：蔡瑞、蔡襄、蔡攀龍。

黃府王爺：黃番豹、黃先慈、黃偉流。

盧府王爺：盧德、盧醫扁鵲、盧浦癸、盧跗。
高府王爺：高德川、高武德、高勇。
徐府王爺：徐懋公、徐達、徐忠壯。
江府王爺：郭信豐（江蘇省江都縣江都堰知縣）。
南府王爺：南霽雲、南臺龍。
韓府王爺：韓童子、韓良。
何府王爺：何仁傑、何仲。
紀府王爺：紀信、紀正。
葉府王爺：葉適、葉襄。
莫府王爺：莫英、莫邪。
康府王爺：康續、康喜。
沈府王爺：沈角。
岳府王爺：岳飛。
許府王爺：許遠。
包府王爺：包拯。
田府王爺：田單。
鄭府王爺：鄭成功。
龍府王爺：龍宣和。
周府王爺：周瑜。

劉府王爺：劉宗德、劉福貴。
薛府王爺：薛仁貴、薛溫。
余府王爺：余慈、余文。
張府王爺：張巡、張全。
狄府王爺：狄青、狄龍。
王府王爺：王勳、王何。
侯府王爺：侯彪、侯贏。
康府王爺：康保裔。
魏府王爺：魏徵。
潘府王爺：潘義進。
林府王爺：林披。
譚府王爺：譚起。
耿府王爺：耿通。
殷府王爺：殷郊。
萬府王爺：萬慈誠。

金府王爺：金素。
雷府王爺：雷萬春。
陳府王爺：陳稜。
楊府王爺：楊繼業。
封府王爺：封立。
金府王爺：金玄元。
鍾府王爺：鐘馗。
方府王爺：方叔。

丁府王爺：丁啟濬。　勾府王爺：勾踐。　施府王爺：施全。
龐府王爺：龐德。　舜府王爺：舜華。　潘府王爺：潘義進。
邱府王爺：邱化成。　梁府王爺：梁德芳。　苻府王爺：苻堅。
州府王爺：州綽。　殖府王爺：殖綽。　賈府王爺：賈舉。

另外，尚查無名諱者如下：章府王爺、楚府王爺、魯府王爺、宋府王爺、駱府王爺、韋府王爺、歐府王爺、廉府王爺。

溫府千歲、五府千歲

——配尚方寶劍的保境神

千歲千千歲，臺灣再發光

王爺隊伍雖然浩浩蕩蕩，但經定義為保境神後，就有明確的對象，**在臺灣，保境神王爺信仰以「千歲」最為盛行。千歲信仰應該是源自宗族聚落的姓氏賢人崇拜，所以稱為〇府千歲**，之後再與百姓驅瘟的宗教需求結合，最後演變成與大神一樣有同等神力的神明。

「千歲」一詞的起源是相對於皇帝的「萬歲」而言，據《漢書．卷六．武帝紀》記載，臣工吏卒見到漢武帝時便尊呼三聲萬歲，是萬壽無疆的祝禱，後來「萬歲爺」便變成皇帝的俗稱。而「千歲」一詞起源，相傳唐朝開國元勛程咬金就因功勞蓋天被尊為「九千歲」，而明朝宦官魏忠賢也因挾天子以令天下，被私稱為「九千歲」，不過以上都未見史實敕封，只是人們對他們的稱呼。「千歲」正式的定義是下列人員：親王（皇帝的兄弟）、王爺（被封為王爵者），還有娘娘（皇后、貴妃）也可稱為千歲。

就宗教神階而言，漢族會稱中央級神明為〇〇大帝、〇〇帝君，因此地方級神明稱〇府王爺或〇府千歲，也是「恰如其分」，又明確的顯示其地位在帝級神明之下，這是倫理、輩分與名分、稱謂安排的巧妙與精確之處。

臺灣千歲信仰風行，據清康熙《臺灣府志》和乾隆《臺灣縣志》記載，清初臺灣「作醮送瘟」的活動即已相當風行，指的便是千歲信仰的活動，尤其是溫府千歲和五府千歲最普及，並伴隨王醮慶典而聞名遐邇。

雖然現在醫藥發達，不再流行瘟疫，但因神明信仰心理依然強烈，所以在經濟發達因而祭祀豐富、慶典熱鬧的情況下，千歲祭不但未曾式微，反而更為浩大，乃至成為臺灣另類宗教嘉年華。

臺灣溫府千歲和五府千歲雖然都來自福建，但在中土都沒有祖廟，所以臺灣千歲信仰是以在地的風土人情與信仰習俗發揚光大的，就如三太子一樣，是探究臺灣宗教本土化和現代化的極佳樣本。

千歲信仰民俗

文化部指定的臺灣十七項國定無形文化資產重要民俗中，王爺信仰佔三個，分別是：溫府千歲的「東港迎王平安祭典」、五府千歲的「南鯤鯓代天府五府千歲進香期」、慶安宮媽祖和十二瘟王的「西港刈香」。

反穿龍袍代天巡狩的溫府千歲

相傳，**溫王爺信仰以臺南北門永隆宮為開基祖廟，但目前以屏東東港東隆宮為臺灣最富盛名的溫王爺信仰中心**，主祀溫王爺，金身前配祀五府千歲，由五府千歲輪流值年，所以在溫府千歲信仰裡，溫王爺地位是高於五府千歲。

東隆宮三年一次的東港王船祭（現已正名為「東港迎王平安祭典」）是全臺最聞名的王船祭，每次都建造與真船一模一樣的實木王船、設置欽差大臣行館的代天府、出動兩百餘座神轎……科儀繁複，場面浩壯，宛如欽差大臣親臨巡查。

據東隆宮官方網站記載，清康熙年間，因大潮汐的關係，東港沙灘漂來大批有「東港溫記」記號的木材，被百姓認為溫王爺有意選擇此地立廟弘法，因而刻了金身建廟祭祀（經筆者查證，福建確實有一濱海的港口東港鎮，如上說屬實，則當年的「東港溫記」木材，或許為當地溫姓商家所有）。

溫鴻王爺相傳為山東人，於唐太宗時因救駕有功，連同三十六人被賜進士出身，並義結金蘭，為國家重要大臣，文治武功績效卓著，後與三十六進士一起奉命巡行天下，宣揚國威，但不幸在某次出勤時因海難集體溺斃，朝廷追封王爺，為欽差大臣，乘王船四處代天巡狩。

後來的千歲信仰基於此說，便升級了加強版，說成神後的溫王爺是奉有玉旨的玉皇上帝欽差，搭著王船、帶著尚方寶劍四處代天巡狩，為了驅瘟除疫，消滅鬼煞，可以先斬後奏；此外，並有以中軍府為首的五營神將供王爺指揮。這個說法後來廣為其他千歲信仰接受，致使許多地方的千歲廟都行欽差巡狩職務，或稱為「代天府」。

溫王爺雖相傳為山東人，京城官吏，但因四處巡行，後於海上成仙，所以在航海最發達的福建便相傳經常見到張著「溫」姓旗幟的船舶顯靈，因此溫王爺信仰便在漳、泉兩州傳開。

溫王爺故事雖然缺乏有力史實證明，但據記載，清朝時東港設有下淡水巡檢司署，當時東港一帶瘟疫歷十任巡檢仍流行不止，束手無策下，只好恭請溫王爺保佑，而溫王爺也允諾代天巡狩回天庭覆

日據時期臺灣慣習研究會所蒐集的漂流神船（上）及船內安奉的神像（下）。

中軍府

三太子哪吒是道教五營神將裡的中壇元帥，而民間信仰中的王爺則是由中軍府的中軍爺來統領五營神將，概念雖然一樣，但所指不同。中軍爺在王爺信仰中扮演重要角色，不但是先鋒官，也是軍事與行政總管，所以平時中軍爺的乩身便代表王爺講話，而在王船祭時，除了前置作業外，其餘正式任務也是在中軍府神位安座後，才在中軍爺的監督、護持下展開。

根據禮儀，中軍爺共有十二尊，一次擺三支令旗，由擲筊決定，一支是值科（負責本次儀式）中軍府，兩支是值年中軍爺。

命時順便將瘟疫帶走，這便是東港溫王爺建醮驅瘟的開始。所以，溫王爺是保境神驅瘟，而非由瘟神或瘟鬼祭祀而來，不過一開始，可能受到其他瘟神王爺影響，加上溫與瘟同音，所以作醮、送瘟被一些人誤解成是安撫瘟神與送瘟神離開。

不過，現今的做法和說法已經相當明確，長達七天王船祭的各種活動，包含有遶境，祈求所到之處四境綏靖。（如果是瘟神，怎還四處去遶境，散播瘟疫？）

最後的送王（燒王船）是送代天巡狩的王爺回天庭覆命，王船裡有陪祀的三十六進士、百姓豐富的供品和溫王爺抓到的瘟鬼妖魅，有的廟宇還會打造永久的王船供奉，據說鬼魅怕被抓上去，所以靈驗異常呢。

東隆宮溫王爺一直有龍袍前後面反穿的有趣慣例，據《東港迎王——東港東隆宮丁丑科平安祭典》記載，之前澎湖有個法力高強但心高氣傲的法師，來臺灣各地廟宇向神明踢館，還一路獲勝，後來到了東隆宮，一見到溫王爺氣宇軒昂，還未動手便俯首稱臣。

所以，當地人便穿鑿附會說，王爺和這位澎湖法師鬥法時，龍袍掉落，廟祝匆促為祂穿上時，不慎穿反了。

這當然是傳說，因為根據上面的記載，兩人尚未交手澎湖法師便認輸了，而且有些地方的千歲龍袍也是反穿的。

筆者推測，衣服反穿有兩個意義，一是往生者，以示與活人不同；二是不馴的人反穿衣服可變溫馴，因為衣服穿反了，肢體自然伸展不開（現在民間習俗還流傳嬰兒太愛哭鬧，就反穿衣服），所以應該是在「瘟神說」影響下，以反穿龍袍來象徵期待祂能安分溫馴。

王爺因為要驅瘟除魔，是武神，且代天巡狩，見人如見君，馬虎不得，因此以軍事化管教及脾氣暴躁聞名，可說是全部神明裡最凶的，乩身對部屬、信徒十分嚴厲，連來此求改運的香客，也是以古代責杖（打大板）的方式進行，相當特殊。

此外，還有一件地方盛傳的奇事，六十年前遶境時，安海街「角頭」（小地方如街、里大小的區域，）扛溫王爺神轎與人發生衝突，溫王爺乩身大怒，斥責安海街不得再抬溫王爺主轎，說也奇怪，自此之後安海街竟然連續六十年沒有抽中過抬溫王爺主轎的籤。

後來安海街角頭跟溫王爺懺悔，說事過境遷，人事全非，新人會記取教訓不敢違反紀律，請王爺原諒，擲筊後得到聖杯應允，當年就抽到抬溫王爺主轎的籤，令人稱奇。可見，代天巡狩見人如見君的威嚴和紀律，在王爺信仰中是格外嚴謹的。

創下金氏紀錄的五府千歲

臺灣最大的王爺信仰是五府千歲，臺南南鯤鯓代天府是最大的五府千歲廟，也是臺灣的王爺總廟，祭祀的是大王李大亮、二王池夢彪、三王吳孝寬、四王朱叔裕、五王范承業五位王爺，而以大王李府千歲為首。

現在說「四月痟王爺」或「三月痟媽祖，四月王爺生」，指的便是李府千歲農曆四月二十六日聖誕，全島瘋狂祭祀的盛況。

據《新唐書》和《舊唐書》記載，李府千歲出生門閥，是唐朝開國大將，也輔佐唐太宗打贏過許多戰役，和李靖、房玄齡等名將大臣都合作過，一生清廉，死後貧無遺產，追封兵部尚書（國防部長），並陪葬在唐太宗的皇陵，地位崇高可見一斑！

不過，史書並未記載其他池、吳、朱、范四位王爺，只是民間相傳五府千歲是指李府千歲與其相偕作戰的結拜兄弟們。

據南鯤鯓代天府官方網站記載（內容取材自一九六七年《南鯤鯓廟代天府沿革誌》），明末時有一艘三檣帆船漂流到南鯤鯓沙汕（名為南鯤鯓的濱外沙洲），船內有五尊王爺、中軍府神像，及「代天巡狩」的旌旗一枝，應該是福建沿海送王船漂流過來的，但一艘小船能飄洋過海且無大損傷，堪稱奇蹟。

居民先以草寮安置神像，後因靈驗異常，便興廟祭祀，並用原本的旗桿神木雕塑六尊金身，康熙元年完工後，以地名稱為「南鯤鯓廟」，五府千歲被尊稱為「南鯤鯓王」，因為是開臺首廟，也稱為「開山廟」。

❖ 作醮與羅天大醮

「醮」是祭祀神明的意思，民間時常見到的「作醮」，就是擴大舉行祭祀典禮與活動，在戶外搭建一座高聳華麗的醮壇是其特色，因祭祀主神與目的不同而有不同的醮壇。「大羅天」是道教三十六天裡最高的天界，更在三清之上，屬於飄渺無極界，所以羅天大醮是道教最高等級的作醮活動。

道光年間廟遷於現址竣工，改名為南鯤鯓代天府，後又歷經整修擴建，終成全臺最大王爺廟，並在二〇一四年十二月三日舉辦臺灣第一醮「羅天大醮」，有來自國內外一萬四千三百七十三尊神明參與，創下最多道教神像齊聚的金氏世界紀錄，可見五府千歲號召力之強大！

雖然代天府已創下世界紀錄，揚名寰宇，但建廟之初可是有點波折呢！一開始的廟宇是建在沙洲之上，日久逐漸被淹沒，所以計畫搬至槺榔山現址，但槺榔山當時是亂葬崗，傳說盤踞了很多孤魂野鬼，並以一名生前為牧童的「囝仔公」為首領，雙方為了爭地起了爭執，後經過土地公協調不成，雙方展開大戰，於是媽祖天后和保生大帝出面協調，日後在代天府南鄰蓋一座「萬善堂」，並雕造金身和鎮殿金身各一尊來祭祀祂們，爭端才告落幕，現今廟宇內也還配祭萬善爺囝仔公，即因此而來。

這故事雖然無法辨別真偽，但說明槺榔山當時是個亂葬崗無疑，所以才需祭祀萬善爺。不過筆者推測，以小孩為孤魂野鬼首領似不合理，此處的牧童囝仔公極有可能是以牧童囝仔身成仙，且在臺南祭祀頗多的廣澤尊王之誤解（見「廣澤尊王」章（二六六頁））。

「代天府進香期」名列臺灣指定重要民俗之一，指的是農曆四月二十六日至九月十五日這段期間裡，五位王爺聖誕的刈香、朝聖、宮廟和乩壇活動等，充滿宗教民俗與傳統藝術的風土民趣，也可一探千歲信仰的儀式和文化。南鯤鯓代天府自康熙元年即已建廟，從此除了臺南外，還會以海、陸的方式出巡臺灣東西岸以及澎湖，但從來沒有舉行過建醮儀式，直到一九六八年九月才首辦建廟「三百年醮」，共有三千尊神像與會、八十五艘漁船贊普，設有一萬三千張普桌、十七個斗燈供信徒祈福，場面浩瀚雄偉，令人震撼，如王親臨一般。

千歲因為是代天巡狩，所以代天府還有一個重要的宗教活動：出巡。

從康熙二十二年（西元一六八三年，癸亥年）起，每一甲子一次的「六十年（癸亥）大巡」，巡狩全島或特定區域，隊伍浩蕩，鑼鼓喧天，沿途萬民膜拜，絡繹不絕，是非常隆重盛大的百年大祭！

此外，還有每年一次及臨時的出巡，二〇〇八年，大王李府千歲臨時出巡澎湖，是代天府在日據時代後，睽違八十五年再次出巡澎湖，澎湖當地的**海靈殿蘇府王爺**便是相當著名的王爺聖殿，而**望安五府千歲廟**便是主祀鄺府王爺和南鯤鯓五府千歲，同時相傳在南鯤鯓廟重修時，澎湖也大力贊助。當

❖刈香

刈香指的並非跟團至廟宇朝拜，而是分火出去的分靈，在祖廟主神誕辰時回來謁祖，並進行遶境。目前全球約有二萬尊王爺由南鯤鯓代天府分靈出去，分靈之多堪稱全臺之冠，刈香場面之浩大，自當頗為壯觀。

千歲的祭拜

祭祀千歲禮同一般神明，但因千歲兵將眾多，所以喜歡葷食，不過時代進步，神明也想嚐鮮，所以隨意亦無不可。有人以菸、酒、檳榔、保力達B等當供品慰勞兵將，這是不正確的，因為既然已成為正神的部屬，行為就必須恪守紀律，這些會亂性的食品，只能供奉陰鬼，至於正廟諸神不分職位大小，都是絕對不能供奉的。

因為千歲重紀律，不諳拜拜步驟尚且無妨，但絕對不能有不敬或喧嘩的行為；民間習俗，有「馬頭帶箭」命格的小孩子成年前不可以進入王爺廟，避免彼此強烈好鬥的磁場相剋；王爺大多長得比較凶悍，小孩容易被嚇倒，可視情況再進入。其他王爺的祭祀禮儀同千歲一樣。

時有二十四家廟宇、近百個香團，約三千名信徒從臺南安平港出發，有兩百多艘漁船在海上接駕，接著巡狩澎湖二十五間廟宇和本島大街小巷，可見王爺信仰在海域地區信仰的重要性。

保境除瘟，更是鄉情的凝聚

保境神王爺被界定為地方守護神，兼行保境、驅瘟等各種神責，與中央級大神比較起來看似神階略低一等，但因百姓信仰虔誠，所以賦於祂們玉皇上帝欽差大臣的神責與尚方寶劍的權力，見千歲即見上帝，即意在提升祂們的神權與大神無異。

然而，王爺信仰最可貴之處卻就在於祂們是保境神，所以對凝聚宗族、聚落、區域情感與認同有著更大的功效，這也就是為何王爺廟會是全國廟宇最多的緣故，當再見到王爺時，我們心裡想的，應該不是熱鬧的慶典、代天巡狩的地位，而是想想我們對鄉土的熱情，是否還依然存在？這才是王爺信仰的真諦。

五年千歲

——天王誤被當瘟王

千年蒙冤——正神變瘟神

王爺信仰除了千歲外，還有天王、瘟王、聖王、尊王、國王，其中與千歲最相近的便是五年千歲。**原始學術定義：十二瘟王因為五年建醮一次，行使代天巡狩職務，所以稱為五年千歲**，但這個定義恐怕有很多誤解需要釐清。

五年千歲祭典，實際為四年（寅年、午年、戌年）舉行一次，但因漢族與閩南忌諱說四（與死音雷同），就以第五年舉辦下一次，是「五年虛、四年實」，說成「首尾五年一科」。但祭祀十二天王或十二瘟王的廟宇並非都是首尾五年一科，也有三年一科的，則此時不能稱為五年千歲。

很有趣的現象是，原始學術定義：十二瘟王因為五年建醮一次，所以稱為五年千歲，但目前臺灣的五年千歲都是天王，十二瘟王反而都是三年一科，可見早年的研究可能有些誤解。

日據時代迄今，學者將王爺定義為瘟神，而送王（王船）則是送瘟神離開，因此王爺為散布瘟疫的瘟神之說便廣為流傳，而所謂「瘟神」或「瘟王」，其實也是一種尊稱而已，猶如百姓稱山賊為山大王一樣，這是將王爺當成散布瘟疫的大鬼看待，而其中又以十二瘟王為代表。但這些個說法，可能是錯的。

根據《道藏源流考．法海遺書．第三十五部》記載，太上老君弟子康續之下有十二位神將都是大巨人，本是天皇十二帝（玉皇上帝的十二個弟弟），後奉玉皇上帝玉旨轉世為十二位英雄，一起義結金蘭協助周武王討伐商紂，周朝建國後，敕封為「中天十二宮辰」，民間俗稱「十二天王」，依十二地支輪年值科（一年一尊，非一次十二尊皆出動），回天庭後又奉玉旨查察人間善惡，為代天巡狩，現在新北市蘆洲玉旨宮祭祀有康王大元帥（康續），即為五年千歲的統領。

這雖然是一個將十二宮辰（十二地支）神格化的傳奇，但卻說明，十二天王的信仰起始是中天十二宮辰，而非十二瘟王。

道教興起後，延續十二天王值年代天巡狩的神務，並多加崇拜，現有經典中的《太上玄靈斗姆大聖元君本命延生心經》、《法界聖凡水陸勝會修齋儀軌卷・第三》、《玉斗玄科》等，都出現「十二宮辰」聖號，可見在道教中信仰廣泛，並且深植。

十二天王每十二年輪值一次，並在寅年、午年、戌年建醮，十二天王原本是天皇十二帝下凡的伐紂英雄，傳有姓氏，未傳有名諱，因為是玉皇之弟——親王，故稱千歲，但因非為凡人，所以尊稱○千歲，不稱為○府千歲。現在有的說法，是將十二天王加了名字（說法互有差異），不過，原始史料即無名諱，新的名諱在史料與《封神演義》裡又都沒有記載，所以本文不予採用。

十二天王輪值表

年分	千歲	年分	千歲
子	張千歲	午	薛千歲
丑	徐千歲	未	封千歲
寅	侯千歲	申	趙千歲
卯	耿千歲	酉	譚千歲
辰	吳千歲	戌	盧千歲
巳	何千歲	亥	羅千歲

說明：

1. 逢寅、午、戌年建醮，故侯、薛、盧三位千歲為科主。
2. 十二天王以戌年盧千歲為大王。

十二天王、瘟王的在地故事

據臺灣主祀五年千歲且被譽為祖廟的雲林馬鳴山鎮安宮五年千歲祖廟說明，清康熙元年村民在草港發現一艘王船，上有「代天巡狩五年千歲」字樣，船中祭祀有三尊神像，紅綾上寫有十二值年神尊的姓氏（無名諱）、聖誕，還有書、籤等事物，因神尊眾多，只訂農曆十月二十九日為鎮安宮五年千歲之綜合聖誕，現今依首尾五年祭祀一次，並有王船祭代天巡狩，行千歲欽差職務，這是目前臺灣最典型的十二天王五年千歲廟。

鎮安宮稱十二天王為十二千歲或十二王爺，未曾稱過十二瘟王，且有「分靈廟」制度，經許可後可恭請一尊神尊回自宅、祭壇、廟宇恭奉，因其可奉請回自宅，也可證明祂們是天王而非瘟王，否則豈非「請鬼入宅」？

而在臺灣明確祭祀十二瘟王而非十二天王的地區為曾文溪流域，以有三百年歷史的臺南西港慶安宮為代表，慶安宮歷經擴建後，現在主祀媽祖天后，十二瘟王為陪祀，十二瘟王的金身並非來自中國或在海岸拾獲，而是臺灣在地雕塑的。雖然十二瘟王在此並非主神，但因為慶安宮的王船祭在臺灣歷史最久、科儀齊全、陣容浩大，香火鼎盛直追東港王船祭，所以有「**南東港，北西港**」之稱，為臺灣兩大王船祭之一，**同時也是十二瘟王祭祀的代表**。

不過，因為慶安宮主神是媽祖，而非十二瘟王，所以建醮活動為三年一科，而非五年一科，原始被認為是十二瘟王的五年千歲，在此反而被打破了五年一科的科儀。

另外必須一提的是，慶安宮包含了王船祭在內的「西港刈香」盛大活動已有二百三十多年歷史，歷經日據時代亦未斷層，所以「西港香」被稱為「臺灣第一香」，且列為國家重要民俗活動。據筆者猜測，因為慶安宮的十二瘟王王船祭古老、浩大、有代表性，因而讓早期學者誤認為王爺是瘟神信仰。

五年千歲已不等於十二天王

雖然原始定義十二天王因為首尾五年一祭而稱為五年千歲，但時代變遷，目前在臺灣，保境神王爺只要是首尾五年一祭、並執行代天巡狩職務的，便可稱為五年千歲，五年千歲已不限十二天王，而十二天王也不見得首尾五年一祭，所以**五年千歲與十二天王或十二瘟王已經是完全獨立的稱謂**。

嘉義東石先天宮前身已有三百年多歷史，主祀的五年千歲為十三天王，金身是民國十三年由村民赴福建泉州尋找老師傅雕塑而成，因為每首尾五年一科，且有王船祭代天巡狩，被歸為五年千歲，祭祀的是十三尊歷史與傳奇賢人：代旨李府千歲（李靖，十三天王之首）、太子千歲（李哪吒）、盧府千歲（盧跗）、侯府千歲（侯嬴）、知府千歲（范仲淹）、白府千歲（白起）、方府千歲（方叔）、羅府千歲（羅倫）、伍府千歲（伍員）、薛府千歲（薛仁貴）、葉府千歲（葉適）、武府千歲（岳飛）、包府千歲（包拯）；此外，配祀有五府千歲及其他千歲。

先天宮現今的廟宇有所謂的新、舊廟，舊廟於六十多年前興建，因地勢低窪，經常淹水，費時二十年後，終於在二〇一五年一月於後方完成新廟安座入火，並由神明下諭拆除舊廟，但舊廟饒富歷史意義、宗教藝術價值與鄉土情感，所以引發當地民眾反彈，後由縣政府介入協調，今舊廟已完全拆除，原有的重要文物已移至新廟，信徒仍可在新廟參觀這些古蹟文物。

嘉義朴子鎮安宮的五年千歲是以林府九千歲為主祭（臺灣宮廟為抬高自家神明地位，所以會自封九千歲），並配上魏、蕭、雷、譚、張、侯、徐、吳、耿、薛、封、趙、何、盧、羅等十五府千歲，皆有姓無名，筆者親詢廟方林府九千歲的名諱，工作人員表示，這問題由來已久，廟方也多次向神明請示，但神明以時機未到為由未予答覆。

經查，臺灣林府千歲只有林披一尊，據《中華林氏》記載，林披出生官宦之家，為唐朝福建泉州浦田縣人，而鎮安宮亦發源於福建泉州，所以鎮安宮林府九千歲極可能就是林披王爺。林披後經科考累官至睦州刺史（州長），因不屈權奸遭貶官，生的九個兒子也都是刺史，當時人讚為「唐九牧」，世人美稱為「九牧林家」（這可能也是林披被尊為九千歲的由來），九兄弟死後合葬一處，傳為家族倫理德行之千古美談。

據《舊唐書》記載，唐朝時掃蕩東南方淫廟與淫祭（大鬼信仰）不遺餘力，林披也是掃蕩鬼魔之說的有力人士，但因其德政昭彰，被百姓祭為林府千歲，成為地方保境的正神。此外另有一說，林府九千歲是林姓始祖比干，鎮安宮也去過中國比干廟謁祖，但林府九千歲晉謁林姓始祖是天經地義之事，不能因此謁祖之行而認定祂就是比干。

宗教信仰的「敬」與「畏」

王爺及五年千歲信仰的源頭是由正神或瘟神而來，一時可能無法根本釐清，不過卻代表截然不同的崇拜心理，認為由瘟神而來的，象徵百姓對災難的畏懼；認為由正神而來的，則象徵百姓對神明的信任和敬仰。依目前的現況來看，大多數王爺是歷史與傳奇賢人、正神，少數才是瘟神，可見黎民在面對災難時，寧願選擇相信神明的神力，而非賄絡災神消災，而這也是信仰的意義吧！

五福大帝

——瘟鬼升級做城隍

真正瘟鬼出身的王爺

臺灣王爺信仰早年被界定為瘟神說，但真正的瘟神除了一部分是十二天王被當成十二瘟王外，就以五福大帝的五方瘟鬼為代表。

五福大帝在臺灣流傳雖不廣，但在王爺信仰裡卻非常重要，至少有下列影響，導致學者對整個王爺信仰產生誤解：

1. 五福大帝是唯一有史料確認為瘟鬼的王爺，對王爺為瘟神的說法有重大影響。
2. 祭祀五福大帝的儀式，可能影響到其他王爺送王船出海的儀式。
3. 五福大帝是由大鬼晉升為正神的典例，在福州某些角頭，還把祂們當成民間城隍廟（另有正統的官方城隍廟），這也影響了早期學者認為王爺是由瘟神、驅瘟神、守護神的演進學說。
4. 在臺灣，五福大帝的祭典，已明確創造出本土在地的特殊八家將文化。

五福大帝是民間對五方瘟鬼的尊稱，是不敢犯貌的安撫性祭祀，又稱為五靈王爺、五路瘟神、五瘟使者等，但一開始並不被朝廷與道教接受，反而被視為祭祀大鬼的淫祭而禁止，後來因為信仰打開，才逐漸升等而上。

五方瘟鬼，在民間簡稱五鬼，現在還變成算命數術裡的一個凶狠刑煞。瘟疫當然自古即有，所以在甲骨文裡才有「儺儀」的驅瘟儀式記載，而瘟疫的「神格化」過程大約如下：

東周《黃帝內經素問．遺篇．刺法論》內容說有五行五疫；東漢《禮稽命徵》記載有三疫鬼，此後，三疫鬼或五疫鬼的傳奇便廣為流傳。到了南北朝葛洪的《元始上真眾仙記》，開始升格為「五方鬼帝」。

將瘟鬼與王爺連結的過程大致如下：

南北朝陶弘景《真誥．協昌期》記載，上帝告訴土地墳墓的五方主管趙公明等諸神，某公侯過世時不可妄自為害，這裡只點名趙公明，並看得出來祂們同時有守護和為害兩種功能，大抵精怪型守護神都是兩個特質兼備。

約莫同時期的《太上洞淵神咒經．卷十一》就明確說出了劉元達、張元伯、趙公明、李公仲、史文業、鐘任季、少都符七大瘟鬼，各率領五傷鬼精二十五萬散布瘟疫。

後來道教經典《正一瘟司辟毒神燈儀》正式記載五瘟行者為：東方行瘟張使者，南方行瘟田使者，西方行瘟趙使者，北方行瘟史使者，中央行瘟鐘使者。

目前流傳的五瘟使者，出自元明時期的《三教源流搜神大全》，說祂們是五方力士，在天上為五鬼，在地下則為五瘟，分別是：春瘟張元伯，夏瘟劉元達，秋瘟趙公明，冬瘟鐘仕貴，總管中瘟史文業。

隋文帝為了安撫瘟鬼，不但建廟祭祀，還封祂們為大將軍。但這顯然只是傳說，因為如果五瘟鬼真的有被皇帝敕封，就不會被視為淫祭了。

從以上記載可以很明確發現，五福大帝是由瘟鬼祭祀而來的根據相當明確，至於十二瘟王是由瘟鬼祭祀而來的根據則相當薄弱，甚至在整個廣泛的王爺信仰裡，確實由瘟鬼信仰而來的，嚴格說來也只有五福大帝。

因此，以瘟神說來解釋王爺信仰，是很嚴重的以偏概全。

一路走來坎坷的命運

五方瘟鬼出身明確，所以早年被朝廷視為淫祭，在清朝掃蕩淫廟的時候，信徒為了避風頭，便將五方瘟鬼的稱號都稱為五靈王爺或五靈公，或以信仰地區福州為名，改稱為五福大帝。雖然名號升格為王爺、大帝，但終究是個有名無實、不被朝廷與道教承認的虛號，為了低調行事，廟名也多取作「庵」，庵是規模簡陋的小廟之意。

廟不在大，有仙則名；神不在高，有應則靈。可能因為五瘟王夠靈驗，所以信仰越發堅實，五瘟王也被神格化，從散播瘟疫變成驅除瘟疫，最後還與城隍信仰與模式結合，變成福州角頭的民間城隍爺，配祀有文武判官等編制。

明朝時，福州即建有主祀五福大帝的白龍庵（臺灣五福大帝祖廟），清《榕城紀聞》記載，明崇禎皇帝時福州因為瘟疫，地方因而浩大祭祀五帝，後來成為地方「民間官衙」（即民間城隍廟），慶

❖五靈王爺VS五顯靈官、五靈公VS五靈官

五方瘟鬼又被百姓尊稱為五靈王爺、五靈公，但不是五顯靈官、五靈官，不可混淆，靈公是對鬼魂的尊稱，靈官是道壇護法。

道教有五百靈官，以五位統帥為首領，便是五顯靈官（五靈官），為首主稱華光元帥馬天君，所以現在也有人將五福大帝誤視為華光元帥。

典期間的陣頭、排場更是浩大，相傳，傳來臺灣後演變成八家將陣頭。清朝的《烏石山志》記載，閩中（福建）祭祀五帝，五、六月間奉神出遊，稱為「請相出海」，這個儀式跟王爺信仰的祭瘟、送王船很類似，雖然無法判定誰先誰後，但相互影響是肯定有的。

除了位階神格化外，五瘟鬼的身世也被「漂白」，福州白龍庵便稱祂們是五位書生，知道瘟鬼在水裡下藥，便以身試毒取信鄉民，讓百姓免於受害，鄉民因而建廟祭祀，玉皇上帝也敕封祂們為「五福王爺」，主宰瘟疫，巡按天下，五瘟鬼也就成為王爺級與千歲型的神明。

五福帝大帝的祭祀

臺灣的五福大帝信仰以白龍庵系統為主，都是來自福州白龍庵。清朝中期，福州官兵自福州白龍庵分靈香火攜來臺灣，興建了臺南白龍庵，後來福州移民自行前往分靈，另建臺南西來庵。日據時代發生噍吧哖事件（西來庵事件）後，一些廟宇也改名為五靈公廟以避風頭。

臺南白龍庵在日據時代遷地改建為臺南元和宮白龍庵，除了是全臺五福大帝首廟外，據研究，也是臺灣八家將陣頭的起源地。

因為五福大帝被視為民間城隍爺，所以福州白龍庵的陣頭就已有類似的兵將陣頭，相傳當時的兵將是五福大帝向福建漳州九天千古佛借將的。來臺灣後，臺南白龍庵參考城隍的編制，做出「十家將」的陣頭，有為城隍爺巡視時開路、抓妖、隨扈的功能，就是現在的維安人員，後廣為其他神明陣頭採用為先鋒官，不再專屬五福大帝。十家將傳至嘉義慈濟宮如意振裕堂後改為八家將，流傳度最廣，因而普遍稱為「八家將」。

八家將

目前八家將不隸屬任何神明專有，因其要抓妖，故以青面獠牙造型出現，所以平日廟裡極少供奉神像，只會在廟會陣頭出現。八家將基本是四將、四季神，陣容大的也可增至十三人或更多，人數可視狀況增減，與城隍編制相當類似。

基本八家將與十三將

組合	名稱
四將	大爺（謝將軍）、二爺（范將軍）、甘爺、柳爺
四季神	春大神、夏大神、秋大神、冬大神
五爺	文判、武判、武差、文差、什役（刑具爺）

由福州移民自行分靈興建的臺南西來庵，已遷址改建，現名為臺南全臺西來庵。臺灣歷史上規模最大、屠殺最殘烈的抗日起義噍吧哖事件，又稱為西來庵事件，主事者一貫道教徒余清芳於西來庵以降乩號召民眾抗日，最後不幸失敗，日方也因而開始限制臺灣宗教信仰。

西來庵事件說明，宗教在人民心目中的重要地位，乃至成為民族最後的精神堡壘，日據時代以廟宇為根據地的抗日或抗議活動經常發生（如三峽祖師廟、大甲文昌廟），所以正視宗教有其重要性。

瘟鬼傳奇，有仙則靈

五福大帝的原型雖是五瘟鬼，在臺灣信仰也不大，但卻是引起臺灣王爺瘟神說的重要因素，同時也是由祂引起臺灣最悲壯的一場抗日起義。所以，官不在高，有威則鳴，神不在大，有仙則靈，別小看大鬼的威力，無分別心，用虔誠的心面對四方眾生，便是禮敬諸神諸靈的最好方法。

靈安尊王、廣澤尊王、保儀尊王

——山神與賢人的合體神靈

有些神明雖然不稱呼為王爺或千歲，卻是貨真價實的地方保護神王爺（見「王爺」章），如尊王、聖王、國王。其中尊王有三尊，都來自福建泉州府，而且都與山神信仰相互結合，簡表如後。

臺灣清治時期早期的中國移民以福建泉州府居多，所以三位尊王的信仰流傳相當久遠寬闊。另外，因為爭奪地盤的關係，移民各擁當地保護神成立角頭，故而從祭拜的神明就不難發現當地居民的祖地。不過，隨著時代進步、族群融合與遷徙自由，這種勢力範圍逐漸打破，但還是可以從信仰分布的密度看出端倪。

三位尊王簡表

尊王	俗稱	祖地	主要信仰地區	全臺廟宇數
靈安尊王	青山王	惠安青山	臺北地區	近一百七十間
廣澤尊王	郭相公	南安郭山	臺南、臺中、屏東	二百八十餘間
保儀尊王	安公（尪公）	安溪大坪	臺北盆地	一千餘間

是山神，還是張將軍——青山靈安尊王

青山靈安尊王，民間俗稱靈安尊王或青山王，《泉州寺廟．青山宮》記載，北宋設立惠安縣行政區時，縣衙在青山設立青山宮，是青山王正式祭祀的開始，至於信仰的緣起與演變，則有三種說法。

山神說

青山王原本是福建省泉州惠安縣青山的山神，地方土地崇拜常見的習性是會找一位有地緣性的賢人，來擔任這個地方神的人格化和神格化主角，後來百姓便以三國東吳的張滾，或同音的五代閩國張悃為青山神。這是學者從民俗的推臆角度。

張滾說

明《閩書．惠安縣觀應篇》記載，三國東吳孫權開發閩浙一代時，張滾奉命在惠安縣屯兵開發，因為功績卓著，深獲朝廷肯定和百姓愛戴，孫權封為「照應侯」，縣民尊崇祂為「生神」（活神仙），歿後百姓就墓建廟祭祀，逐漸成為當地的青山神信仰。

張悃說

是史料最齊全，也是泉州惠安縣青山宮祖廟承認的說法。明《閩書》、《泉州人名錄．葉春及》、《泉南著述．郡邑志乘．惠安政書》和清《惠安縣志》記載，五代閩國張悃，曾在惠安紮營屯兵，並訓練兵民抵禦海寇，地方因而大為安定，歿後就地葬於惠安縣，後改葬於青山，百姓建廟祭祀以為感念，南宋時敕封張悃為靈惠侯、靈安王，這是青山靈安尊王聖號的由來，並賜廟額「敕封靈安王廟」。

中國泉州惠安縣青山宮是青山王祖廟，和湄洲島天妃宮、龍海慈濟宮（保生大帝祖廟）同稱為「閩中（泉州）三宮」，歷史意義與信仰深度可想而知！

該廟建於宋朝開國皇帝趙匡胤時期，現今廟內仍保留當年的原始小祖廟，廟內配祀有惠安縣第一任知縣及張惆的愛將相公爺（姓辛，名諱不詳）。「敕封靈安王廟」廟額於文化大革命時被毀，今日懸掛於廟堂上的是仿製品，不過依然光芒萬丈。

在臺灣主祀青山王的寺廟將近一百七十間，不容小覷，其中最知名的是**臺北市的艋舺青山宮**，**號稱臺灣青山王祖廟**，艋舺青山宮是從惠安青山宮祖廟分靈而來，建於清朝咸豐年間，位於「一府二鹿三艋舺」的首善之區艋舺（萬華），因為地利之便，香火異常鼎盛，和萬華龍山寺形成當地兩大角頭勢力。

農曆十月二十二日青山王聖誕稱為「艋舺大拜拜」，列為北部地區三大廟會之一（見「保生大帝」章）。青山王一些信仰是來臺灣才開始發展的，譬如，臺灣青山王是民間城隍爺，配備有文武判官、范謝將軍、枷鎖將軍、二十四司、虎爺神馬，以及顯慶、慶安二妃夫人，但這些在惠安祖廟裡並沒有出現。

牧童囝仔仙——廣澤尊王

因為廣澤尊王生前是鄉里級人物，正史並未有祂的紀錄，祂的身世是從地方誌與廟誌記載而來。明《閩書》與清《鳳山寺志略》、《郭山廟志．保安廣澤尊王傳》記載，廣澤尊王俗名郭忠福，因此民間也稱為郭相公，生於後唐時期的清溪（今安溪縣），是唐朝汾陽王（郭子儀）的後裔，以侍奉父母至孝聞名鄉里，因家貧當牧童，父死時無錢下殮愴然淚下，一位風水師被他孝心感動，便指點他一個風水寶地葬父，父死後和母親移居南安，南安的郭山（今稱鳳山）就是因為郭相公的姓氏而得名。十六歲（一說十歲，但十歲較不合理）時機至，便至山上蛻化成仙，當時郭母疑惑也尾隨而至，見郭相公要升天，急忙抓住祂的左腳，但已經來不及，所以郭相公塑像為一腳下垂，因此民間也俗稱「翹腳王」。郭母死後，鄉人感念郭相公生前至孝，將母子兩人合葬，並建廟祭祀。不過，也有可能郭相公是郭山山神（威鎮廟）人格化後發展出的傳奇。

廣澤尊王開始聲名遠播是在南宋高宗時，一次皇宮大火，相傳尊王顯聖降雨滅火，之後（一說明世宗時）又顯靈引誘流寇在大雨中渡溪前進遭溺斃，因而被敕封，大抵南宋偏安時，西南一代很多地方神都受到拔擢與敕封，到了清朝，郭相公便因屢屢顯現神蹟，而成為南安的最大信仰，最後敕封為「威鎮忠應孚惠威武英烈保安廣澤尊王」。

廣澤尊王不但生前身世傳奇，成仙後依然傳奇迭起，父母封為太王、太妃，並娶了妙應仙妃為妻，生了十三太保。天神不能戀愛結婚，但如將廣澤尊王視為城隍一類的地方神，則屬合理，而且廣澤尊王以孝傳道，漢族孝道首重家庭倫理的維護與發揚，廣澤尊王的「神仙家族」自有存在意義。

《郭山廟志．雜志．尊王分廟紀聞》記載：廣澤尊王的主要分廟有兩處，一是龍山宮，一是安溪威鎮廟，前者為首廟，後者為墓塋（廣澤尊王的父母安葬地）。現在，**福建南安市詩山鳳山寺被視為廣澤尊王祖廟**，前身建於五代時期，至今已有千年歷史。重建後的詩山鳳山寺，現今每年舉辦廣澤尊王文化節及封塋祭祖大典，宣揚孝道，並於二〇〇九年由臺南市下林玉聖宮主事，第一次來臺巡行。

臺灣現在主祀廣澤尊王的廟宇有二百八十多座，勢力非常龐大，以臺南地區最多，**臺南全臺開基永華宮為臺灣廣澤尊王祖廟**，金身是鄭成功部屬陳永華將軍從詩山鳳山寺分靈而來，很多人因廟名而誤以為是主祀陳永華將軍，不過該廟有配祀陳將軍。相傳宋高宗敕封廣澤尊王時，同時賜予四大從神：崇德尊侯、顯佑尊侯、陳將軍、黃太尉，目前也都陪祀廟中。該廟現在甚至還保存明鄭建廟時遺留下來的紙製王帽和銅製香爐，其他的文物保留也相當完整。

廣澤尊王廟很多以鳳山寺為名，便是以祖廟之名為名，同時，一般而言，「寺」是佛教建物稱法，道教建物不稱寺，但此處卻以寺為名，所以也有說法是，廣澤尊王是佛道雙修，因此有的廣澤尊王神像身上會配有佛珠，這兩個說法，都可以在彰化鹿港鳳山寺看到。

鹿港鳳山寺建於清朝道光年間，香火是從安南祖廟分靈而來，並配祀有尊王夫人，廟宇雖小，建築卻極為精雕細琢，頗富建築歷史價值。鹿港鳳山寺文物充沛，當年北館樂社「玉如意」以左廂房為館址，現已重建，並保留當初的牌額與西秦王爺（唐玄宗，戲曲祖師爺）神像；碑文是由清朝進士廖春波所撰，目前仍保完整；清朝遺留下來的籤筒、木籤、籤櫃仍安置廟內，木籤上的字跡仍歷歷在目。此外，鹿港當地於日據時代被拆除的萬春宮，其蘇府王爺神像與諸多文物都置於鳳山寺內。可惜因為鄉鎮發展的關係，鹿港鳳山寺本身也被拆除了一部分，留下了歷史無盡的缺憾。

文武雙忠，安公不是尪公——保儀尊王

保儀尊王是安溪的地方賢人崇拜，**保儀尊王有兩尊，是唐明皇時的許遠、張巡**，《全唐文》、《舊唐書》、《新唐書》都有記載祂們的事蹟。

兩人皆為進士出身，展現文武不同的才華，因而也稱為文武尊王，後人稱張巡為武將是不對的，祂善於兵略、領導抗戰，還名列日本名著《中國武將列傳》中，但實為文官。

安史之亂時，兩人以六千多兵力死守湖南睢陽（今商丘），力抗十餘萬逆賊圍攻兩年，孤立無援下，啖食人肉堅持不降，城破後從容就義，因此受到皇帝敕封，並建「雙廟」祭祀，百姓敬稱「雙忠」，韓愈於〈張中丞傳後敘〉讚譽祂們：「守一城，捍天下。」

保儀尊王簡表

姓名	身分	官銜	唐朝追封／建廟時聖號	後代最高敕封
許遠	文臣 文安尊王	太守	荊州大都督／保儀尊王	忠順威顯靈著護國真君 東平威烈昭濟顯慶靈祐王
張巡	文臣武身 武安尊王	縣令	揚州大都督／保儀大夫	忠靖威明顯祐安民真君 楚國公

兩人後來都進入唐朝皇室追懷忠烈的「凌煙閣」，可見祂們被追封為中央官吏，而非只是地方官。雖然祂們的史蹟發生在河南，但隨著客家移民的傳播，也流傳到西南一帶，安溪百姓甚至將祂們視為茶葉守護神。

許遠生前官位較高，但因張巡善兵法，所以許遠將兵權交由張巡負責，無私之心昭然可見。但人不同於神，喜歡分辨尊卑，所以保儀尊王到底是許遠還是張巡？雙忠誰尊誰從？便各有說法。

依制度而論，許遠生前官位與立廟時聖號都較高，但百姓認為真正主導戰役，以及後代歷史談及此役時的主角是張巡，連文天祥〈正氣歌〉都有「張睢（睢陽張巡）陽齒」詩句，因此誰尊誰從，便是當地信仰的問題，推崇許遠則以許遠為尊，推崇張巡則以張巡為尊，並無定論，只是到最後，百姓也搞混了，譬如保儀尊王廟主龕裡的神像只有一尊而非兩尊，又如「忠順」是許遠的敕號，但很多忠順廟祭拜的是保儀大夫張巡，如汐止忠順廟號稱祖廟，祭祀的卻是張巡。在道教裡，是以張巡為保儀大夫，奉為保儀尊王，目前臺灣也以此說為多數。

保儀尊王最早建廟是殉節後唐皇於河南睢陽賜建的雙廟，今河南商丘市仍有雙廟村，不過尊王信仰已經沒落，反而隨移民遷徙至福建，接著又傳入臺灣，現今臺灣保儀尊王信仰是以福建安溪為祖地，可分為集應（從祖廟名）、忠順（從許遠封號）兩個系統。

集應系統的祖廟是福建安溪大坪鄉集應廟，雖然清《安溪縣志》並未說明大坪集應廟主神是誰，僅記載主神能夠驅疫禦亂（這是一般地方神或山神的功能），但據民國《平安高氏族譜志略》等書記載，此尊主神是唐末黃巢之亂時，由移民從河南光州攜入的保儀尊王張巡，並陪祀林氏夫人。大坪因盛產茶葉，保儀尊王在當地還被奉為茶葉守護神，認為祂有驅逐害蟲的神力，這個習俗流傳到臺灣後，先民也經常扛著尊王的小神轎在田裡巡行，認為這樣可以除蟲祛鳥，讓農作豐收。

臺灣集應系統是從大坪集應廟分香而來，清咸豐時，先民攜帶尊王分身、夫人（申國夫人）分身、香爐各一個，來臺建立**景美集應廟**，後因時局不安分廟，夫人像及香爐因而外屜，但景美集應廟仍保留當初的金身，所以**是臺灣最早的集應廟**。相傳本尊金身是高姓移民攜入，所以廟內現在配祀高尪公，但只是尊為建廟鄉賢之意，非尪公之一（一般廟宇會祭祀長生牌位，感謝建廟鄉賢們）。內廟楣上吊有「睢陽傳徽」匾額，說明集應廟是來自原始的河南睢陽雙廟，因此是正統法脈的傳承。

汐止忠順廟是臺灣最早的忠順廟，主祀保儀大夫張巡，據廟方資料顯示，神像前身是從安溪分香而來，廟的前身建於光緒年間，日治時代廟址被占，神像被迫寄放在主祀清水祖師的三峽慈濟宮（因此部分廟宇將張巡與清水祖師同稱為護國尊王），二次戰後迎回神像並重新建廟，獲當時的副總統陳誠題字，見證漢族信仰被壓迫的一段歷史。

民間俗稱保儀尊王為「尪公」，汐止忠順廟即曾提出正名運動，認為民間稱文武雙尊為文安尊王、武安尊王，簡稱「安公」，後來被說成「尪公」，有貶低之意。

保儀尊王的陪祀是南霽雲、雷萬春兩位將軍，因為相傳唐代建「雙廟」祭祀雙忠，後來改為「五王廟」，增祭同在安史之亂中犧牲的三位忠臣：南霽雲、雷萬春、賈賁，有的廟宇則配祀李翰（為雙忠辯護的翰林學士）、莫英（張巡的副將）。

臺灣開發初期，漢人和原住民經常你來我往發生襲擊，為了防止山胞出草，所以對抗安史之亂的保儀尊王，便經常被用來祭祀當成防番的神明，這時會稱為都天元帥，而張巡為張厲王。防番在其他神明，如媽祖、三官大帝等，也可以見到。

地方神明，忠孝光耀

尊王雖然是泉州府的地方信仰，並未蔚成全國信仰，但從尊王信仰可看出，漢族對神明的聖賢崇拜最大因素是：忠孝！靈安尊王抵禦流寇，保家衛民；廣澤尊王以孝成道，成仙後仍然彰揚家庭倫理；保儀尊王死不降賊保衛山河，使社稷長存。因此，漢族的信仰並不全然是迷信，其背後蘊含著更大的倫理價值，等待我們去體會挖掘，並努力實現！

開漳聖王、三山國王

——「客家之神」的三百年之謎

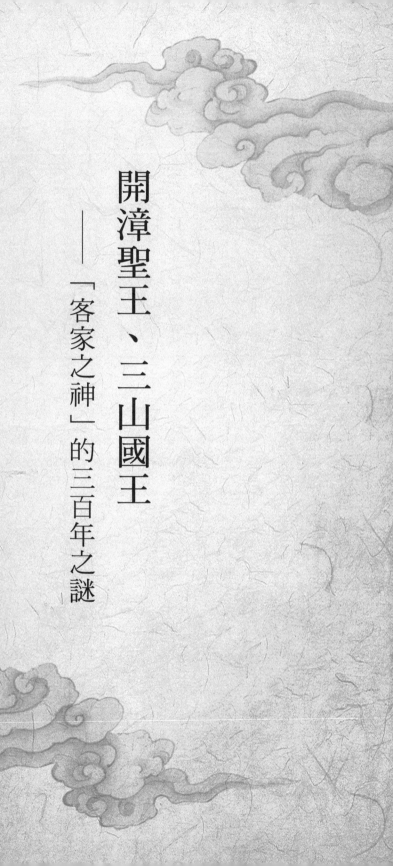

臺灣清朝移民順序是先泉州、福州，再漳洲、潮州，後為客家人，因此臺灣現在的地方神以泉州為多，如媽祖、保生大帝、尊王，且居平原與濱海富饒區域，而漳、潮地方神較少，且居丘陵地區（另一說法，各州移民其實同步遷入，現在的分布是先民地盤爭奪的結果）。在漳洲、潮州的地方神方面，現在分別以開漳聖王、三山國王為代表，同時也將這兩組神明當成是從中國客家地區來的地方神，果真如此嗎？其實還頗有討論空間。

河南來的第一代屯墾領袖——開漳聖王

臺灣地方信仰有兩大聖王：開臺聖王鄭成功、開漳聖王陳元光。陳元光的史料未見於正史記載，現在各方採用的版本大約如下：

陳元光祖籍與保儀尊王信仰發祥地一樣都在河南，唐高宗時奉命隨父親率五十八姓人家至福建閩南一帶屯墾（屯兵守護並移民墾荒），軍民落地生根就地發展，並傳播中原文化，因為功績卓著，成為第一任漳州刺史，而後子孫五代繼任漳州刺史也都卓然有成。

《漳州府志》列漳州為八閩名邦之一，民間因而敬稱陳元光為開漳聖王，亦稱為陳府將軍或陳聖公，宋高宗敕封為威惠王（明朝改封昭烈侯），歿時下昭建廟祭祀，配祀輔順馬仁、輔勝（輔信）李伯瑤、輔昭許天正、輔義倪聖分、輔顯沈毅、輔美沈彪六位將軍，其中前兩位將軍為陪祀，甚至被單獨建廟祭祀。

由上可以推測，陳元光應是河南第一代入漳屯墾的軍民領袖，其後家族的領導也十分成功，因而被移民祭祀為開漳聖王。

漳州人移入臺灣後，勢力非常龐大，日據時代《臺灣通志》記載，當時臺灣漳州府籍人數佔漢族的百分之三十五，有四十五個大姓（超過五百戶），祖先於唐初隨陳元光入閩。

臺灣祭祀開漳聖王的廟宇有七十餘座，以臺北、桃園、宜蘭為主要地區，早期移民為了爭奪地盤，發生多次泉漳械鬥，雙方各抬出自己的守護神保儀尊王與開漳聖王助陣，因打鬥十分殘烈，連精神保壘的神像也遭了殃，所以民間戲稱「尪公無頭殼，聖公無手骨」，其實，保儀尊王與開漳聖王都來自河南，可謂同宗，如今也已民族融合，不過這倒見證了當時的一段移民血淚史。

現在一般將來自漳州的陳聖公當成客家守護神，這是非常值得討論的，因為漳州雖然有客家的族群及語言，但大部分的漳州人屬於閩南人，且漳州話也被歸為閩南語的一支，因此「陳聖公為客家守護神」如果是指陳聖公來自河南，並一路保佑從華中遷徙至閩南的移民（客家），是合理的，但如果是指其來自漳州，則有待討論。

開漳聖王祖廟位於河南固始縣陳集村陳元光祖祠，當地俗稱將軍祠，相傳唐玄宗年間由陳氏後裔所建，現在的祠堂式建築為清朝嘉慶年間所建，為典型的明清時代南方建築，富有濃烈的地方色彩，現在祖祠每年舉辦中國固始根親文化節，號召河南、漳州一代客家後裔回鄉探視。在陳集村山峰上，還有一座奶奶廟，祭祀的是陳元光仁夫人——魏敬夫人，相傳夫人在唐朝時也被敕封為娘娘。

在臺灣奉祀陳聖公的廟宇很多是以威惠廟、昭惠廟為名（由其封號而來），大多是延續漳州一帶開漳聖王廟的廟名。**桃園大溪仁和宮**建於清康熙時期，神尊金身來自中國漳浦威惠廟，是殿內的三祖，所以該神尊又稱三王公，**於大溪建廟後號稱為臺灣開漳聖王開基廟**，農曆二月十一日舉辦的「大溪祭陳聖公」，為大溪地方最具特色及臺灣重要慶典之一。

高雄鳳山鳳邑開漳聖王廟建於清朝乾隆年間，分靈自漳州開漳聖王廟，鳳山為南臺灣最古老的城邑之一，鳳山的開漳聖王廟、雙慈亭、龍山寺、城隍廟並稱「鳳山四大古廟」，可見開漳聖王廟是重要文化遺產。該廟曾劃地協助政府收容遷臺的大陳義胞，義風可舉，一九九六年義胞遷出後廟宇重建，更顯現今日的莊嚴規模。

臺北市內湖碧山巖開漳聖王廟是臺灣最大陳聖公廟，香火也是來自漳州開漳聖王廟，乾隆年間建石室簡祭，因靈驗興旺，嘉慶年間正式蓋廟祭祀。傳說，未建廟時，先民將香火掛於石洞的石頭上，一日土匪來襲，石洞突然放出萬丈光芒，並且山崩石落，逆賊心怯退去，而石頭也分成一大兩小，卻安然不動，便是陳聖公和馬仁、李伯瑤兩位將軍的化身，現在廟裡還供奉著這三塊神石。

山神化身的三兄弟——三山國王

開漳聖王是來自福建漳州的地方神信仰，三山國王則是來自廣東潮州。相對其他地方的地方神與賢人崇拜結合，以致無法釐清誰依附誰，三山國王是山神崇拜的說法倒是十分明確。

元朝《潮州路明貺三山國王廟記》記載，今廣東揭西縣河婆鎮有巾山、明山、獨山三座山，隋朝有三位神人在獨山顯聖，自稱三兄弟，後分別於三山保護山川百姓，因靈驗不爽，被宋太宗帝敕封國王爵位。明《永樂大典》記載，三山國王廟尊稱為「明貺廟」，「明貺」是宋太宗所賜的廟額，意為贈與的恩澤。後來民間將之與劉關張三結義相比，並以祂們的特質來雕塑神像。

地方神往往被視為是「多功能」的神明，萬求萬應，並與各種神明信仰結合，產生多種明確的神務，同樣的，三山國王後來也被視為城隍爺，有地方行政、司法的功能；也被視為是王爺千歲，可先斬後奏，驅瘟除疫；而號令兵將、斬妖除魔的基本神能，是自然必備的。

三山國王簡表

山名	排名	仙名	宋朝敕封	造型
巾山	大王	連傑	清化威德報國王	仿劉備書生臉像
明山	二王	趙軒	助政明肅寧國王	仿關羽忠義紅臉
獨山	三王	喬俊	惠威弘應豐國王	仿張飛勇猛黑臉，並刻成刀痕花臉

「三山國王」，顧名思義是合祀大王、二王、三王三位山神，但亦有單獨祭祀的，且不一定是以大王為尊，而是視地方信仰需求而定，譬如黑臉三王的戰鬥力最高，所以在廣東的祖廟是以三王為主祀。

三山國王雖然被視為客家的保護神，但據現有的實際田野調查指出，客家人只占百分之五點七的彰化縣和百分之八點五的宜蘭縣，卻是全臺三山國王廟最多的兩個地區，而客家人口占百分之三十九的桃園卻沒有三山國王廟。

事實上，潮州話是閩南語的分支，潮州只有一部人講客家語，所以潮州並不屬於客家村，但早期因為語言上的差異，加上「福建人等於閩南人，廣東人等於客家人」的錯誤分類法，所以泉州與潮州移民互不對盤，便將潮州移民視為客家人——因此，三山國王是閩南與客家人都會祭拜的神明，而非客家人專屬。

據清《廣東通志》記載，嘉慶年間廣東潮州只有兩座三山國王廟，其他地方更為罕見。但至二〇一二年實地調查，粵東三山國王廟已超過兩百座，可見國王信仰有隨移民回饋而大增的現象。**現在臺灣的三山國王廟，有建於明鄭時期的彰化溪湖荷婆崙霖肇宮（稱為臺灣三山國王廟開臺祖廟）**、**宜蘭大興振安宮（稱為臺灣三山國王的主廟）兩大體系**，並分別成立彰化縣三山國王宮廟聯誼會（列為客庄十二大節慶之一）及臺灣三山國王宮廟聯誼會（現為中國巾明獨三山國王協會）。

臺灣現在的三山國王廟約有一百七十間，年代久遠者相當多，除前兩座國王廟外，其他建於明鄭時期的還有：彰化員林廣安宮、高雄楠梓三山國王廟、高雄橋頭義山宮、屏東九如的三山國王廟、屏東潮州三山國王廟等等。

屏東潮州三山國王廟的香火，是隨鄭成功來臺的軍民，自廣東潮州府揭陽縣三山國王廟分香而來，當時軍民認為，三山國王是山神，可以防備山番出草襲擊，所以興廟祭拜。大抵，潮州人為了祈求防備山胞偷襲而興建國王廟，是臺灣國王廟興盛的主因之一。

高雄橋頭義山宮是全臺最大三山國王廟，香火也是來自廣東省揭西縣祖廟，以二國王為正神，大

泉漳互鬥與國王廟

早期泉、漳移民為了爭奪地盤多次大型械鬥，後來漳州移民失利，轉往丘陵地帶開墾（以宜蘭為大宗），因此有一說，以泉州移民為主的彰化地區，會有那麼多國王廟，是之前漳州移民興建遺留的，但泉州移民並未加以破壞，還繼續加以祭祀，可見國王信仰是不分臺閩的。

國王與三國王於兩邊配祀，分別為執劍元帥與護印將軍。義山宮和附近的百年糖廠、橋頭老街、全國首座竹林公園，配合橋頭區每年十一至十二月舉辦的花田喜事系列賞花活動，已經形成一個知名觀光區域，值得朝拜參觀。

另一個有趣的現象是，客家人並不拜虎爺，但宜蘭縣以大興振安宮為首的三山國王廟祭祀虎爺的比例卻相當高，這也可說明國王並非全然是客家信仰，或可視為臺閩已經融合的現象。

族群融合，護守寰宇

早期因為移民的地盤之爭，神明也被分幫派——泉州幫、潮州幫、漳州幫，或閩南幫、客家幫、山地幫，移民之間不但互鬥打破頭，連對方的神像也打破了！

其實，神愛世人，是不分種族與階級，也不愛世人互鬥的。時至今日，人民都已知道和平相處的可貴，也打破種族隔閡的敵視，更不分你的神我的神，這是人類進化的象徵，也是維護永久和平之道，是神所最樂見的事。

讓我們繼續發揚這個融合精神，那麼世界大同就近在眼前了！

參考資料

不分類

《封神演義》，許仲琳、陸西星，明朝
《三教源流搜神大全》，明朝
《山海經》，戰國
《歷代神仙通鑑》（《三教同原錄》），徐道，明
《找神》，林金郎，二〇一三年
文化部文化資產局官方網站
道教文化資料庫官方網站
靜宜大學臺灣民俗文化研究室官方網站
道教總廟三清宮官方網站
中國泉漳祖廟集官方網站
Taiwan temple 臺灣宗教寺廟網
自立廟宇網
VRbyby 全國廟宇網
教育部重編國語辭典修訂本——主站
策略中文成語及諺語詞典網站
維基百科
百度百科
互動百科
中文百科在線

第一篇　地位尊崇的上界神靈

玉皇上帝——萬能的老天爺

《玉皇上帝》，周濯街，二〇〇二年
《新天帝之命：玉皇、梓潼與飛鸞》，謝聰輝，二〇一三年
《真靈位業圖》，陶弘景，南北朝
《高上玉皇本行集經》，隋朝
〈玉皇上帝的由來〉，中國臥龍網，二〇一五年二月九日
〈張有人（張百忍）玉皇上帝的來由〉張樹山，二〇一三年八月二十八日
臺灣首廟天壇官方網站
草嶺慶雲宮（宜蘭大裡天公廟）官方網站
沙鹿玉皇殿全球資訊網
天公壇ＦＢ
彰化縣政府旅遊資訊網——元清觀

觀音菩薩——眾生的慈母

《臺灣素人：宗教、精神、價值與人格》，陳玉峰，二〇一二年
〈中國的觀音信仰〉，於君方
〈現身南海度化善財、龍女〉，于君方著，釋自衎譯
〈從龍門石窟造像藝術看唐代審美特徵〉，楊建宏
〈陽剛神勇到柔媚慈悲——觀音菩薩之移形幻化〉，胡瀚平
《南海觀音菩薩出身修行傳》，朱鼎臣
〈順昌寶山：探尋大聖祖地1〉，亞慧
《臺灣區域性宗教組織的社會文化基礎》，林美容，一九九〇年
〈媽祖信仰宗教基因解密〉，蔡相煇，二〇〇九年
〈觀音信仰與吳越佛教（初稿）〉，韓秉芳
〈次九日，祭觀音，祈補運〉，劉還月
內門南海紫竹林寺官方網站
中華國際供佛齋僧功德會網站——特色儀軌

媽祖天后——入世親民的第一女神

《媽祖信仰研究》，蔡相煇，二〇〇六年
〈臺灣媽祖形象的顯與隱〉，林美容
〈臺灣媽祖傳說及其本土化現象〉，林茂賢
《漳浦烏石天后宮》，林瑤棋
〈媽祖升天得道地　南竿天后宮有靈穴〉，王以瑾，二〇〇八年
〈媽祖昇天祭祀大典莊嚴隆重〉，馬祖日報，二〇〇九年十月二十六日
北港朝天宮官方網站
全臺祀典大天后宮全球資訊網

臺中市樂成宮廟宇建築藝術數位典藏計畫網站
內政部臺灣宗教百景全民票選活動網站
虎尾持法媽祖宮官方網站

關聖帝君——人類中唯一的天尊

《關帝經典文化學術研討會論文集》，中華桃園明聖經推廣學會，二〇〇九年
〈關帝聖義人格與宗教成就的社會意義〉，林金郎，二〇〇五年
〈從關帝信仰演進談社會變遷中的宗教改革〉，林金郎，二〇〇八年
《明清研究通訊 No.31——學人專訪：遊子安》，吳佩瑾，二〇一二年
〈宣化上人開示：老子、孔子皆菩薩應化〉，宣化上人，一九八四年
《伽藍天尊——佛道兩教中的關羽崇拜》，胡小偉，二〇〇五年
〈伽藍聖眾之由來及其訛傳〉，蔣時傑
〈運城、洛陽、當陽三大關廟將舉辦關公節慶活動〉，中華關公文化網，二〇一四年
〈四大美人之貂蟬「慘死」和「善終」的七種下落〉，中國經濟網
〈全臺十間最靈驗廟宇，不拿香的行天宮奪冠〉，林宜靜，二〇一五年
行天宮五大志業網
林新發神桌佛像佛俱行部落格
解州關帝廟——山西省旅遊局官方網站

玄天上帝——屠刀成佛的一級戰神

〈龜蛇玄武與武當道教武術的相互影響作用〉，甘毅臻
《被誤解的臺灣史》，駱芬美，二〇一三年
〈玄天上帝信仰與文本呈現〉，侯傑
《玄天上帝與道佛關係考證》，楊上民
《武當山旅遊經濟特區成立》，湖北省人民政府公報，一九九七年
臺南市中西區公所網站——北極殿
松柏嶺受天宮官方網站——北極玄天上帝

三清道祖——道的始祖

〈道教無極圖與大爆炸宇宙論〉，宮哲兵
〈中華道教神明系統溯源系統表〉，道教總廟三清宮
〈三清道祖信仰源流〉，蕭進銘，二〇〇七年
〈道教臻於「天人合一」之教義考〉，李宗定《宗教簡介》，內政部民政司，二〇〇五年
聖天真武宮官方網站——三清道祖
靈應壇（曾煥聖）FB社交／文化網站
內政部民政司官方網站——宗教輔導：道教
道教總廟三清宮官方網站

三官大帝——走入庶民生活的三界公

〈七月十五地官大帝誕辰〉，常愚居舍
〈道教主要神仙——三官〉，文化中國，任子鵬責任編輯，二〇一一年
〈佛道之辯與佛本之爭〉，藍天
〈廣東地方道教研究：道觀、道士及科儀〉，黎誌添，二〇〇七年
《敬天與崇道——中古經教道教形成的思想史背景》，劉屹，二〇〇五年
〈古人怎樣過元宵：年年元夜時，花市燈如晝〉，蘇向東責任編輯，二〇一二年
《圖說中國節》，大喬編，二〇〇八年
〈漳州市：近百名臺灣信眾到福建漳浦尋根謁祖〉，張文藝，二〇一〇年七月九日
〈臺灣客家人和三官大帝廟〉，黃榮洛，二〇〇三年
〈臺南市開基三官廟奉祀周公及桃花女是臺灣少見的神祇〉，林東良
行天宮官方網站——三官大帝傳略
新北市客家民俗信仰館網站——三官大帝

王母娘娘——化育萬物的母娘

〈漢武帝內傳與西王母的形象意蘊〉，神話與文學論文選輯（二〇〇二年）
〈臺灣母娘信仰的在地化發展〉，鄭志明
〈王母娘是部落首領〉，中國日報，二〇〇九年五月四日
花蓮勝安宮——王母娘娘廟——全球資訊網
互動百科——新疆天山天池風景名勝區
臺北松山慈惠堂ＦＢ——中國甘肅涇川西王母廟／新疆烏魯木齊天山天池西王母祖廟／西安都城

盤古、伏羲、神農——漢民族的始祖先皇

〈不可超越的自然極限〉，吳俊輝，二〇一二年
〈數十萬香客 泌陽拜盤古〉，中新網，二〇一一年四月六日
〈陵水苗族祭拜　古皇〉，中國清明網，二〇一五年一月七日
〈臺灣甘肅兩地加強交流合作 兩岸共祭伏羲典禮在臺舉行〉，鄒志中，二〇一五年六月二十二日
《易經很簡單》，林金郎，二〇〇七年
〈漢族中原古帝傳說之神農〉，華夏經緯網
〈湖南神農大帝登臺 先嗇宮炮瀑迎接〉，周毓翔，二〇一五年六月七日
欣景點網站——鶯歌碧龍宮
美美網——瑞芳青雲殿——世界最大供奉神農大帝廟宇

第二篇　各有專工的護佑能神

五文昌帝君——管很大的考試院長

〈文昌帝君張亞子出生越西有歷史依據〉，歡居國學資料
《文昌帝君陰騭文——文昌帝君簡傳》，王傳村輯錄，二〇〇一年
〈文昌帝君信仰的流變〉，胡其德
〈文昌帝君與其相關文化〉，雷玉平
〈跳不進龍門的書生〉，郭建
道教碑文資料庫網站——元
艋舺龍山寺官方網站——後殿
新莊文昌祠網站（國立華僑高中建構）

各路財神爺——大家最愛拜的神明

〈羊年求財旺旺來 全臺十大財神廟〉，中央社，二〇一五年二月八日
〈北港武德宮主任委員回應〈可笑的財神廟與發財金〉〉，林安樂，二〇一四年二月四日
〈答覆要求退出坊間所謂十大財神廟ＰＫ〉，北港武德宮管理委員會，二〇一四年一月六日
〈臺東元宵習俗：炮炸寒單爺〉，唐朝
〈寺廟走春祈元寶 唸口訣招財〉，蔡文正，二〇一四年一月二十九日
南崁五福宮官方網站

保生大帝——道心慈濟的活神仙

〈從神醫到醫神——保生大帝信仰道教化之考察〉，謝貴文
〈臺灣最早興建的寺廟〉，盧嘉興
〈臺灣廟宇藥籤之中醫文獻初探〉，顏美智、蘇奕彰
白礁慈濟祖宮官方網站
佳里青龍宮全球資訊網——祖廟群
臺南縣學甲鎮慈濟宮官方網站
大龍峒保安宮官方網站

三太子——由野轉正的囝仔神

《澳門哪吒信仰》，胡國年
〈不空法師請毗沙門天王救援唐明皇〉，改命堂
〈北港三太子 歌舞競技迎春〉，張朝欣，二〇一五年二月二十三日
北港太子聯誼會——電音三太子ＦＢ
朴子電音三太子活動企劃館官方網站
龍水港化龍宮全臺開基太子爺廟官方網站
新營太子宮官方網站

月下老人、城隍夫人等——受年輕男女歡迎的愛神

〈《詩經》愛情詩的文化解讀〉，胡敬君
〈中秋習俗：苗族跳月、傣族拜月、侗族偷月亮菜〉，人民網
〈絕對「死會」！全臺五大月老廟它最靈〉，PIXNET 網路關鍵報告，二〇一四年
〈「馭夫鞋」避桃花　周美青也有一雙〉，陳宣如，二〇一一年十二月十四日
《眾神聖傳續編．註生娘娘》，沈武義，二〇〇三年
《戲劇哲學》，孫文輝
臺灣族群文學與文化數位學習網站——臺灣月下老人文化
臺北霞海城隍廟網站——如何拜月老
臺北霞海城隍廟網站——偏殿城隍夫人龕
土豆網：舞蹈音樂——赤髀橫裙（大型晚會佘族舞蹈音樂）

註生娘娘、臨水夫人等——安產護幼的婆姐們

《十二婆姐》，許玲慧、鍾易真，二〇〇五年
〈鵜鶘 VS. 白鸛　誰才是「送子鳥」？〉，ETtoday，二〇一二年四月五日
〈註生娘娘信仰〉，范振梅
《法華經．觀世音菩薩普門品》
〈臨水夫人信仰研究——以地方志書、史料記載及傳說故事發展為例〉，康詩瑀，二〇〇六年
〈臨水宮祖廟陳靖姑金身將再赴臺灣巡遊〉，華夏經緯網，二〇一四年六月十八日
〈百對夫妻拚好孕 南興廟祈子見盛況〉，胡健森，二〇一二年四月十六日
〈馬總統：少子化是國安問題「讓我睡不著」〉，NOWnews，二〇一一年十一月十九日
臺南西進國小網站——孩童的守護神
碧雲宮三奶廟ＦＢ
臺南臨水夫人廟ＦＢ
爐源寺ＦＢ

第三篇　最具特色的地方神祇

城隍爺——熱愛一方的守護神

《臺灣的城隍廟》，黃伯芸，二〇〇六年
〈朱元璋政權城隍改制考〉，濱島敦俊，一九九五年
〈從城隍廟陪祀神觀察城隍神的角色與職能〉，林俞君，二〇一四年
〈真的有「天堂」和「地獄」嗎？〉水深之處編輯群
佛學大辭典網站／城隍神
屏東縣東福殿城隍廟官方網站
地下縣太爺——城隍爺

土地公——最親民的福德正神

〈受宋真宗冊封 土地公罕見配祀文武判官〉，人間福報，二〇一五年一月二十九日
〈源遠流長的土地公信仰〉，高瑜、廖紫均
《臺灣的土地公》，王健旺，二〇〇六年
〈拜了都說靈！紫南宮擴建挖到千隻蛇　傳是土地公「護將」〉王韻筑、林柏燕，二〇一五年五月十三日
〈信徒簽牌中百萬　蘆洲土地公封王顯神威〉，劉建宏，二〇一三年四月十五日
〈「帽」犯王爺？土地公拒戴高帽〉，陳鳳麗，二〇〇七年十一月七日
南山福德宮——烘爐地廟方網站
竹山紫南宮官方網站
教育雲教育大市集網站——臺灣土地公

王爺公——民間各級的男性神尊

〈王爺信仰〉，廖紫均、林怡資
〈瘋王爺！文資局圖解西港、東港、南鯤鯓王爺信仰〉，蘇元和，二〇一五年五月七日
〈臺南熱區中秋冷清七百家宮廟鳴炮除瘟疫〉，壹電視，二〇一五年九月二十六日

〈登革熱臺南破萬例神明助抗疫三十宮廟明起三天遶境〉，劉婉君，二〇一五年九月二十五日
〈高雄市龍水地區的開發探討〉，陳仁勇
〈閩臺瘟神與王爺信仰〉，林國平
新豐池和宮官方網站——王爺信仰

溫府千歲、五府千歲——配尚方寶劍的保境神

《華人社會與文化．社會風俗篇》，蘇慧霜，二〇〇八年
《溫王爺傳奇》，屏東縣政府，二〇〇五年
〈福建東港為保護海洋 念「緊箍咒」訂約束捕撈規則〉，福建日報，二〇一五年六月三日
〈五府千歲的信仰與由來〉，民間信仰總會
〈14373 尊神明齊聚 南鯤鯓代天府創世界紀錄〉，楊金城，二〇一四年十二月三日
〈光復前（一九四五年）的南鯤鯓王爺廟〉，王見川
〈五府千歲睽違八十五年 南鯤鯓五府千歲將再出巡澎湖〉，大紀元時報，二〇〇八年三月十一日
南鯤鯓代天府官方網站
臺中東隆宮溫府千歲官方網站

五年千歲——天王誤被當瘟王

《道藏源流考．法海遺書．第三十五部》，陳國符，一九七五年
〈五年千歲十二王爺源自中國何處〉，慈航雅築
〈五年千歲〈東石先天宮系統〉的由來與事蹟〉，冠德
〈九牧林家〉，南翔
〈東石先天宮舊廟拆不拆「觀手轎」仍無解〉，蔡宗勳，二〇一五年一月六日
馬鳴山鎮安宮——五年千歲祖廟官方網站
佳里玉敕鎮濟宮五年千歲——十二瘟王ＦＢ
三芝鎮中宮大代巡十二天王ＦＢ

五福大帝——瘟鬼升級做城隍

《南宋福州民間信仰的發展》，姚政志，二〇〇五年
〈五福大帝〉，鄭志偉，二〇一四年四月二十二日
〈傳統藝術八家將的由來〉，蔡東森
《八將》，呂江銘，二〇〇五年
五福大帝ＦＢ
臺南元和宮白龍庵簡介－大灣觀音廟的官方部落格
財團法人臺南市全臺西來庵ＦＢ

靈安尊王、廣澤尊王、保儀尊王——山神與賢人的合體神靈

〈臺中地方早期移民社會與譜蝶及宗祠建構〉，陳炎正
〈鹿港鳳山寺——牧童化成神，信仰遍臺閩〉，卓克華
艋舺青山宮官方網站
世界郭氏宗親總會網站——廣澤尊王
南安詩山鳳山寺官方網站——廣澤尊王祖庭
全國廟宇網——臺南永華宮
二〇一四年臺北盆地迎尪公信仰研討會
景美集應廟全球資訊網
汐止忠順廟官方網站

開漳聖王、三山國王——「客家之神」的三百年之謎

〈汐止忠順廟〉，蕭雅玲
〈開漳聖王陳元光與閩臺〉，華夏經緯網
〈開漳聖王信仰與族群的分佈〉，楊燕國
〈臺灣漳州客家話的研究——以詔安話為代表〉，陳秀琪，二〇〇二年
〈關於三山國王和神明的故事〉，葉倫會演講稿，二〇一〇年四月九日
〈宜蘭地區三山國王信仰之調查研究〉，張智欽，二〇〇三年
新北市客家民俗信仰館官方網站——開漳聖王
碧山巖開漳聖王廟官方網站